뒷문 없는 교회 이야기

어느 지역 교회의 **불신자 회심 정착률 80%의 비밀**

뒷문 없는 교회 이야기

강정원 지음

국제제자훈련원

추천의 글

(가나다순)

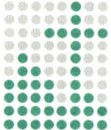

"눈물을 흘리며 씨를 뿌리는 자는 기쁨으로 거두리로다 울며 씨를 뿌리러 나가는 자는 반드시 기쁨으로 그 곡식 단을 가지고 돌아오리로다"(시126:5,6) 광주에 있는 만남의교회를 생각하면 떠오르는 말씀이다. 강정원 목사님의 눈물이 기쁨의 단이 되어 돌아오게 된 비결은 주님 앞에서 사는 삶의 모습과, 일어나 영혼을 위해 목자의 심정으로 양육과 훈련을 통해 성도들을 건강하게 키워낸 데 있다고 본다. 이 책에는 목회자의 가슴 아픈 눈물이 있고, 양을 돌보는 목자의 적절한 사랑이 있고, 구원할 영혼을 찾아가는 간절한 전도자의 마음이 담겨 있다.

강명옥 전도사(국제제자훈련원 부원장)

만남의교회는 제자훈련 목회를 하고 있는 동역자들에게 꼭 소개해 드리고 싶었던 교회입니다. 만남의교회는 많이 알려진 대형 교회가 아닙니다. 화려하고 세련된 교회도 아닙니다. 하지만 건강한 교회입니다. 아무것도 없는 가운데 정말 맨땅에 헤딩하듯 시작한 개척교회입니다. 교회를 찾아온 한 사람을 앉혀놓고 설교하면서 시작한 작은 교회입니다. 하지만 다른 것 안 보고 한 사람 철학을 가지고 원색적인 복음과 제자훈련으로 기초를 다진 건강한 교회입니다.

만남의교회는 착한 교회입니다. 교회 성장이라면 수단과 방법을 가리지 않는 이기적인 이 시대 속에서 만남의교회는 좁은 길을 가고 있습니다. 불신자 회심 정착률이 80퍼센트나 됩니다. 복음의 능력을 통해 성장을 경험한 착한 교회입니다.

만남의교회는 좋은 모델교회입니다. 강정원 목사님은 멘토가 가르쳐 준 대로 우직하게 제자훈련을 해왔습니다. 그 결과 만남의교회만의 멋진 제자훈련 현장을 일구어냈습니다. 제자훈련을 배우고 실천하기를 원하는 많은 동역자들에게 할 말이 있는 교회입니다.

이번에 출간되는 만남의교회와 강정원 목사님의 이야기가 열악한 환경 속에서도 포기하지 않고 제자 삼는 사역에 헌신한 많은 동역자들의 목회 현장에, 아름다운 열매가 맺히도록 돕는 마중물이 되리라 믿습니다.

김명호 목사(국제제자훈련원 대표)

강정원 목사님은 하나님이 베풀어 주시는 만남을 소중히 여기고 그 만남을 아름답게 가꾸어가는 지혜로운 농부와 같은 목회자입니다. 그런 농부의 마음으로 만남의교회를 잘 섬기며 가꾸어 오셨기에 존귀한 공동체가 아름답고 건강하게 성장해 온 것입니다. 또한 강 목사님은 환한 미소를 가지신 행복한 목사님입니다. 그 행복을 모든 만나는 사람에게 풍성히 나눠주십니다. 이 책을 읽는 모든 분들과 공동체들도 그 소중한 만남을 통해 더 풍성한 축복의 현장을 가꾸어 가시기를 바랍니다.

박정식 목사(은혜의교회, CAL-NET 인천지역 대표)

교회는 많지만 건강한 교회를 찾기는 쉽지 않다. 건강한 교회가 많아질수록 이 세상은 소망이 있다고 할 수 있을 것이다. 개척하여 건강한 교회를 이루기까지는 목사의 눈물과 희생 없이는 불가능하다. 또한 내조하며 동역하는 사모의 헌신과 건강한 평신도의 섬김을 빼놓을 수 없을 것이다. 거기에다 더 중요한 것은 주님의 마음에 합한 목회를 해야만 가능하다는 것이다. 이 책을 통해 바로 이런 교회를 만날 수 있을 것이다. 만남의교회 이야기를 읽다 보면, 사명을 가진 자는 고통을 아픔으로 여기지 않고 하나님의 뜻을 이루기 위해 흔들림 없는 소망을 가지고 달

려간다는 사실을 알 수 있다.

강정원 목사님은 건강한 교회를 세우기 위해 혼신의 힘을 다하는 열정적인 목회자이다. '어떻게 하면 성도들이 구경꾼이 되지 않고 가족이라는 이름으로 하나 될 수 있을까' 하는 고민이, 오늘날의 열매를 맛볼 수 있는 이유일 것이다. 얼마 전 우리 교회에서 열린 〈아름다운 이름 순장 세미나〉에도 가장들과 함께 참석하셨다. 강의가 끝난 후에도 만남의교회 가장들의 질문 공세에 한참동안 답변을 해야 했다. 역시 열정적인 목사님에 열정적인 가장들이었다.

이 책은 제자훈련의 이론만을 말하지 않고, 실제적인 현장 이야기를 담았기에 더욱 가치가 있다고 할 수 있다. 새가족 정착과 효과적인 소그룹 운영, 제자훈련의 실제적인 내용 등 어느 것 하나 버릴 것 없이 알차게 구성되어 있다. 건강한 교회를 이루기 위해 고민 중이거나 분투하고 있는 목회자들에게 제자훈련에 대한 확신과 자신감을 심어줄 것을 기대하며 일독을 권한다.

배창돈 목사(평택대광교회, CAL-NET 경기지역 대표)

만남의교회 이야기를 읽으면서 미당 서정주의 "국화꽃 옆에서" 시구가 생각났다. '한 송이 국화꽃을 피우기 위해…' 이 땅의 목회자들이 오늘도 이 한 송이 꽃, 목회의 꽃을 피우기 위해 얼마나 고군분투하고 있는가. 개척교회에 도움이 될만한 성장모델은 없고 대형 교회의 성공담만 넘쳐나는 이 때에, 존경하는 강정원 목사님의 책이 한국 교회에 귀한 선물이 될 것이라 생각하며 일독을 권하는 바이다.

임종구 목사 (푸른초장교회, CAL-NET 사무총장)

구슬땀을 흘리며 인내로 옥토 밭을 일군 농부는 풍년을 기다립니다. 분명한 철학을 가지고 성실하게 임한 목회에는 부흥의 열매가 풍성하게 맺힙니다. 강정원 목사님과 오랫동안 교제해 온 저로서는 오늘의 만남의교회가, 주님의 전적인 은혜이며 최선을 다해 헌신해 온 목회의 당연한 결과라고 확신합니다. 많은 동역자들이 이 책을 통해 도전받아, 주님의 제자를 세우고 세상을 변화시키는 건강한 교회를 가꾸어 나가기를 진심으로 바랍니다.

조현용 목사 (목포빛과소금교회, CAL-NET 전남지역 대표)

저자서문

작은 교회에 맞는 전략은 따로 있다

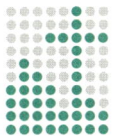

잘 알다시피 한국 교회의 90퍼센트는 교인 수 300명 미만의 작은 교회들이다. 스스로 자립할 수 없는 이들 작은 교회들에게 교인 수 1만 명, 혹은 5만 명 이상의 대형 교회는 절대로 '모델'이 될 수 없다. 대형 교회에서 개최하는 세미나를 부지런히 쫓아다녀 봤자 아무런 소용이 없다. 제아무리 큰 열정을 가지고 밤낮없이 달린다 한들 돌아오는 것은 허탈감, 극도의 피로감, 탈진뿐이다.

문제는 목회자의 열정이나 사명감이 아니다. 애당초 '준거의 틀'이 다른 것이다. 탄탄한 재정과 다수의 교인으로 구축된 대형 교회의 인프라는 무시한 채, 같은 프로그램만 돌리면 똑같은 성장을 일궈낼 것이라는 기대 자체에 문제가 있는 것이다. 개척교회에 적합한 전략과 프로그램이 따로 있고, 교인 1천 명 이상의 중형 교회에 필요한 모델이 따로 있다. 남들이 좋다고 하니 무조건 가져다가 우격다짐으로 밀어 넣는다고 같은 효과가 나타나는 것은 아니다. 내 몸에 맞는 약이 따로 있듯이, 중요한 것은 적용의 '맥락과 상황'이다.

그런 의미에서 '만남의교회'의 개척 과정과 새가족 양육 프로그램, 소그룹 목회 방식은 교회 개척을 꿈꾸는 목회자들과 적절한 모델을 찾지 못해 고민하는 작은 교회들에게 '틀림없이' 도움이 될 것이라 확신한다. 왜냐하면 만남의교회 역시 '작은 교회'이기 때문이다. 우리나라에 대형 교회들이 워낙 많다보니 산술적인 규모로만 따지자면 만남의교회 역시 작은 교회이다.

만남의교회는 그동안 많은 고민과 연구와 시행착오를 거쳐 만남의교회만의 목회 프로그램을 만들어냈다. 이는 아무것도 없이 개척교회로 시작해 오로지 불신자 전도를 통해 사람들을 교회로 불러 모으고, 이들을 정착시키고 양육하여 평신도 사역자로 길러내는 과정 속에서 자연스럽게 만들어진 시스템이다.

교회가 하나의 교회로 세워지기 위해서는 가장 먼저 성령의 역사가 있어야 하지만, 동시에 목회자의 열정과 눈물의 기도, 그리고 철저한 준비도 요구된다. 이 책 안에는 이런 요소들이 모두 들어가 있다. 그것은 단순히 프로그램만도 아니고 목회자로서의 나의 노력만도 아니다. 하나님의 은혜와 성령의 역사, 그리고 나를 포함한 만남의교회 교인들이 함께 만들어 가는 '감사의 과정'

이 프로그램 혹은 시스템의 형태로 가시화된 것뿐이다.

만남의교회의 전도와 정착과 양육, 그리고 훈련의 과정은 '가정교회'라는 틀 안에서 완성된다. '전인적인 소그룹 사역의 장'이라는 말로 표현되는 가정교회는 그 목표가 '건강한 교회'이다. 실제로 만남의교회는 국제제자훈련원을 비롯해 공신력 있는 교계 평가 기관을 통해 그 건강성을 검증 받았다.

이 책은, 한 작은 교회가 어떻게 건강하고 단단한 교회로 성장했는지에 관한 이야기다. 물론 한국에는 만남의교회보다 훨씬 더 건강한 교회들이 많다는 것을 전제로 한다. 그리고 더 나아가 오늘도 좀 더 건강한 목회, 좀 더 신실한 목양을 하고자 애쓰고 고민하는 목회자들에게 또 하나의 '정보'를 제공하고 무엇보다 몸으로 경험하고 체득한 '실제'를 제시하고자 한다. 내가 고민하고 실험하고 경험했던 것들이 결코 교과서적인 정답은 아니다. 다만, 건강한 교회를 꿈꾸는 이 땅의 많은 목회자들에게 좋은 참고 자료가 되길 소망하면서, 졸저(拙著)를 한국 교회 앞에 감히 내어 놓는다.

2013년 7월
만남의교회 담임목사 강정원

목차

추천의 글 · 4
저자서문 작은 교회에 맞는 전략은 따로 있다 · 9

1장 물은 99도에서 끓지 않는다
만남의교회 개척 이야기

광주광역시 서구 금호동 196-11 · 17
10년 안에 세 번 건축한 교회 · 20
개척, 동사무소가 먼저다 · 27
개척의 종잣돈은 '한 사람'이다 · 34
흩어질 때가 있고 모일 때가 있다 · 39
죽어야 다시 산다 · 43
아픔 없는 목회가 어디 있을까 · 47

2장 진심을 우려내면 뚝심도 움직인다
만남의교회 새가족 정착 이야기

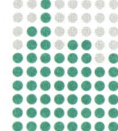

불신자 회심 정착률 80퍼센트 · 53
마중물 한 바가지의 위력 · 58
철새가족, 우리 식구 만들기 · 62
한번 발 들이면 눌러앉고 싶은 교회 · 65
정착에도 매뉴얼이 있다 · 71

3장 끝까지 가려면 '함께' 가라

만남의교회 가정교회 이야기

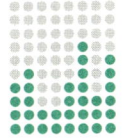

소그룹이 교회를 살린다 • 87
두 개의 심장, 하이브리드 교회 • 90
우리 모두가 꿈꾸는 공동체 • 96
교회 안의 작은 교회들 • 102
교회 부흥의 전초 기지 • 106

4장 '작은 예수' 한 명이 교회의 8할이다

만남의교회 제자훈련 이야기

제자훈련, 이렇게 준비하라 • 119
개척교회, 이렇게 제자훈련하라 • 130
제자훈련 목회자 둘만 모여도 꼭 나오는 질문들 • 141
　탈락하는 사람을 줄일 방법이 있나요? / 제자훈련받은 교인과 안 받은 교인 사이의 갈등은 어떻게 해소하나요? / 아직 훈련 중인데, 사역을 맡겨도 될까요? / 훈련생들과 소통 잘하는 비결은 뭔가요?
흥해라 제자훈련, 피어라 작은 교회 • 166

부록　「디사이플」에 소개된 만남의교회 이야기 • 183
　　　참고 문헌 • 203
　　　도움이 될만한 도서 및 세미나 • 203

1장
물은 99도에서 끓지 않는다

만남의교회 개척 이야기

텅 빈 예배당에서 혼자 무릎을 꿇고

한참을 기도하고 있는데,

교회 현관문이 삐걱하며 열리더니

낯선 사람 한 명이 주춤거리며 들어왔다.

광주광역시 서구 금호동
196-11

이 땅에 구구절절한 사연 하나쯤 갖고 있지 않은 개척교회는 없을 것이다. 그럼에도 불구하고 굳이 여기서 만남의교회의 개척 과정을 이야기하는 것은, 어떤 면에서 이 책은 만남의교회 역사의 한 부분이기 때문이다. 그동안 별도로 교회의 설립 과정에 대해 정리한 기록이 없기도 했고, 무엇보다 만남의교회가 걸어온 과정이 교회 개척을 꿈꾸거나 준비하는 목회자들에게 조금이나마 도움이 되지 않을까 하는 일말의 기대가 있기 때문이다. 아울러 만남의교회가 갖고 있는 목회 방침이나 프로그램들을 이해하는 데 미력하나마 배경 지식을 제공할 수도 있겠다 싶어 소개하고자 한다.

　만남의교회는 2003년 8월 30일 광주광역시 서구 금호동 196-11번지, 지금의 자리에 예배당을 짓고 설립 겸 입당예배를 드렸다. 나는 예배당 입당과 동시에 교회 내 조직을 구성했다. 당시 만들어졌던 교인 조직은 남선교회, 여전도회, 가정교회, 새가족환영팀, 안내사역팀, 뷰티플팀, 강단꽃꽂이팀, 유아팀, 방송팀 등 30여 개에 달했다. 이는 성도들의 취미에 따라 구성된 팀이었다. 팀 구성과 함께 제자훈련도 이루어졌고, 훈련이 진행됨에 따라 많지는 않지만 평신도 사역자들이 꾸준하게 세워졌다. 이런 훈련의 효과는 단순히 평신도 사역자의 수가 늘어나는 데 그치지 않고, 헌신자의 수가 늘어나는 데까지 영향을 미쳤다.

사실, 작은 교회에서 새로 예배당을 건축한다는 것은 결코 쉬운 일이 아니다. 그 중 가장 직접적인 어려움은 경제적인 압박이다. 일정 부분 은행 융자를 떠안지 않을 수 없었고, 여기에 발생하는 이자와 원금 상환은 고스란히 재정적 부담으로 되돌아왔다. 그래도 만남의교회는 하나님의 축복을 크게 받은 교회였다. 교회를 신축하면 단순히 토지 매입비나 긴축비만 필요한 것이 아니다. 교회 안에 들어가는 각종 음향 설비를 비롯해서 의자나 가구 등 새롭게 필요한 비품들이 한둘이 아니다. 그런데 이러한 필요들이 성도들의 자발적 헌신으로 채워졌기에 경비가 상당 부분 절감되었다.

이 때 '거룩한 부담'을 기꺼이 감당해준 성도들은 대부분 훈련받은 교인들이었다. 나는 이런 일이 절대로 '얼떨결에' 혹은

'우연'으로, 아니면 교인들이 특별히 착해서 이루어진 일이라고 생각하지 않는다. 이것은 내가 생각하기에 100퍼센트 '훈련의 효과'다. 훈련이 없었다면 자발적으로 교회의 비품을 감당하겠다는 마음을 갖지도 않았을 것이고 헌신하지도 않았을 것이다. 훈련을 통한 성령의 은혜가 흐르고 흘러 이 같은 감동의 드라마를 만들어냈던 것이다.

10년 안에
세 번 건축한 교회

내가 만남의교회를 개척했을 때 가장 고생한 사람은 다른 누구도 아닌 나의 아내였다. 지금도 생생하게 떠오르는 것은, 개척 당시 교회 성도들의 식사를 준비하느라 밤잠 설치며 고생하던 아내의 모습이다.

개척 당시 만남의교회는 한 상가의 건물 2층 일부를 빌려 사용했다. 그리고 사택이 교회와 붙어 있을 정도로 가까이 있다 보니, 주일이면 교인들의 점심을 아내 혼자서 사택에서 준비하곤 했다. 그런데 정성스럽게 음식을 준비했음에도 교회에서 식사를 하지 않고 그냥 가려는 교인들이 많았다. 처음에는 그 이유를 잘 몰랐는데, 나중에 알고 보니 봉사에 대한 부담 때문이었다. 봉사자도 없이 사모가 혼자 만든 음식을 그냥 먹고 가기가 심적으로 부담이 되었던 모양이다. 까딱하다간 잡혀서 일해야 한다 싶으니 아예 속 편히 예배만 드리고 가버렸던 것이다.

그렇게 아내는 눈물을 쏟아가며 홀로 식사 준비를 했고, 그러다 그만 허리를 다쳐 꽤 오래 고생을 했다. 그때 다친 허리가 지금까지도 계속 문제를 일으켜 아내를 고생시키고 있다. 그렇게 1년 정도 사택에서 점심 준비를 하다가 더 이상은 안 되겠다

싶어, 상가 일부에 칸막이를 설치하고 미니 식당을 만들었다. 그리고 식사 준비도 식당에서 팀별로 돌아가며 준비하게 해, 전 교인이 함께 마음 편히 식사할 수 있도록 했다.

그렇게 교회가 어느 정도 부흥하다 보니 추가로 공간이 필요했다. 당시 2층 상가에 학원 두 개가 자리하고 있었는데, 주일에는 학원을 운영하지 않기에 교회 교육 공간으로 활용하면 좋을 것 같았다. 주인을 찾아가 교회 상황을 설명했지만 끝내 거절당했다. 할 수 없이 좁은 공간에서 북적거리는 수밖에 없었다. 그렇게 얼마간 불편을 감수하고 지내다가 도저히 더 이상은 안 될 것 같아 다시 한 번 주인을 찾아갔다. 답답한 사정을 또 한번 설명한 끝에, 가까스로 학원 두 곳을 주일에만 빌려 사용할 수 있게 되었다.

그런데 그렇게 힘들게 마련한 공간도 포화상태에 이르러, 좀 더 넓은 공간을 확보해야 할 필요성을 느낄 즈음, 건물 주인이 전세금을 올려달라고 요구했다. 교인 수는 늘었지만 그렇다고 재정이 많이 늘어난 것은 아니었다. 이러지도 저러지도 못하는 상황에서 사정이 딱하게 되자, 주인은 새로운 제안을 해왔다. 아예 2층 전체를 교회에서 사라는 것이었다. 당시 교회는 보증금 7천만 원에 매달 임대료 얼마를 내고 있었는데, 그 상황에서 2층을 사려면 보증금이 묶인 상태에서 추가로 목돈을 마련해야 했다. 그래서 많은 고민 끝에 주변의 다른 건물들을 보러 다니기도 했다. 교회 이전을 위해 필요한 공간은 적어도 60-70평 정도는 되어야 했는데, 그 정도 크기면 지금 있는 곳보다 보증금도 월세도 훨씬 높았다. 몇 곳을 더 다녀 보았지만 시세는 크게 다르지 않았다. 이런저런 생각이 들었다. 하지만 당시 이런 문제를 놓고 상의할 만한 사람은 아내밖에 없었다.

나는 아내에게 내 생각을 말했다. "매월 100만 원씩을 임대료로 낸다고 할 때 1년이면 벌써 1,200만 원이야. 이 돈은 말 그대로 죽은 돈이지. 게다가 이걸 성도들에게 그대로 말하면 성도들도 부담을 많이 느낄 거고. 차라리 은행 융자를 내서 그 돈으로 교회 부지를 사서 교회를 짓는 것이 더 낫지 않을까? 혹여나 융자로 인한 이자가 100만 원이 넘는다고 해도 장기적인 안목에서는 오히려 그게 낫지 않을까? 당분간은 고생을 좀 하더라도 교회를 짓는 것이 훨씬 나을 것 같은데, 당신 생각은 어때?"

물론 당시의 교회 형편으로는 분명 '무리수'였다. 교회가 갑자기 부흥해서 시작된 일이 아니라 건물 주인의 다소 뜬금없는 제안이 발단이 된 일이었다. 월세로 '죽는' 돈을 한 푼이라도 살려야겠다는 생각에 시작된 일이긴 했지만, 곰곰이 생각해보니 그 안에 하나님의 뜻이 있다는 느낌도 들었다.

다행히 아내는 내 생각에 동의해 주었다. 그 후 나는 교회 부지로 적당한 땅을 찾아 여기저기 주변을 돌아다녔다. 그리고 주일 예배 시간에 성도들에게 내 생각을 이야기했다. 생각했던 대로, 교회 건축에 적극적으로 나서는 성도들은 많지 않았다. 물론 나 역시 교회 건축을 위한 작정 헌금을 요구하지 않았다. 할 수 있는 한 교인들에게 부담을 주고 싶지 않았다. 필요한 자금은 전부 은행 융자를 받아서 처리할 작정이었다.

그런데 그런 나의 생각은 한마디로 '착각'이었다. 단적으로 말하자면, 교회 부지를 사서 건물을 짓는 과정에서 나는 거의 죽음 직전에 이를 정도로 큰 고통을 겪었다. 그나마 몰랐으니 시작한 일이었지, 지금이라면 도저히 다시 할 용기가 없다. 정말 인간적으로 감당하기 힘든 고통이었다. 그런데 그 아픔은 단순히 돈 문제 때문이 아니었다. 하마터면 나는 사람에 대한 신뢰를 모두 잃을 뻔 했다. 좋은 이야기가 아니기에 지면으로 그 내용을 상세하게 설명하고 싶은 생각은 없다. 다만, 간략하게 이야기하자면 이렇다.

처음 하는 일이었기에 나는 교회 건축 과정이나 관련 법규 혹은 사용되는 자재 같은 것에 대해 잘 몰랐다. 그래서 혼자 전전긍긍하며 고민하고 있었는데, 평소 알고 지내던 사람이 교회 건축과 등록을 도와주겠다고 나섰다. 난감한 상황이었는데 도와주겠다고 하니 나로서는 그저 감사할 뿐이었다. 그래서 부지

매입이나 자재 구입 등 대부분의 일을 그 사람이 나서서 대행했다. 그리고 나는 그저 그 사람의 말만 믿었다. 이런저런 일로 이렇게 저렇게 돈이 들어가야 하니 돈을 달라고 하면, 나는 그 사람이 요청한 액수대로 돈을 건네주었다. 지금이라면 절대로 그렇게 하지 않았겠지만, 그런 일에 경험이 전혀 없었던 나는 그 사람이 요구하는 대로 그때그때 전액 현금으로 직접 지불했다. 그리고 돈 지불과 관련한 어떠한 영수증도 받지 않았다.

그런데 이것이 큰 실수였다. 나중에 그 사람은 내가 지불한 금액을 어디에 어떻게 사용했는지 밝히지 못했다. 상황이 이렇게 되자 내가 그 사람에게 돈을 지불했다는 근거를 제시해야 하는데, 내게는 아무런 흔적이 남아있지 않았다. 나는 그 사람을 전폭적으로 믿고 있었고 이런 일이 생기리라고는 꿈에도 생각지 못했던 것이다. 그야말로 죽고 싶은 심정이었다.

당시 내가 계약을 하려고 했던 땅은 경합이 붙은 상태였다. 그 자리에 식당을 지으려고 하던 사람과 우리 교회, 그리고 또 한 교회가 서로 그 땅을 사고자 했다. 그 사람은 우리 교회가 그 땅을 계약하려면 로비를 해야 한다고 나를 설득했다. 나로서도 유독 자리가 좋았던 그 땅을 빼앗기고 싶지 않았다. 그래서 그 사람이 원하는 대로 돈을 주었다. 그 사람은 교회를 건축하는 과정에서도 모든 것을 자기 뜻대로 이끌어 나갔다. 설계도 자신이 원하는 사무실에 맡겼고, 나를 이끌고 스무 곳도 넘는 교회들을 일일이 보러 다녔다. 광주에서부터 시작해서 순천, 광양 등 인근 지역을 모두 훑고 다녔다.

그 사람과의 마찰이 시작된 건 그 사람이 교회를 2층으로 크고 웅장하게 지어야 한다고 주장하기 시작하면서부터였다. 교회 설계도를 가져왔는데 도저히 감당할 수 없는 규모였다. 무엇보다 우리에겐 그만큼의 예산이 없었다. 그 사람 말대로 교회를 지으면 경비를 감당할 수가 없었다. 그뿐만이 아니었다. 다른 교회들을 견학하면서 내가 좋다는 의견을 비치기라도 하면 "에이, 교회는 저렇게 지으면 안 된다"며 오히려 화를 냈다.

결국 그 사람은 교회 건축에서 손을 떼게 되었다. 그런데 그 과정에서 문제가 터져 나왔다. 건물터를 닦는데 지형이 너무 낮아 매립을 위한 흙이 상당량 필요했다. 그는 흙 구입에 필요한 돈을 내게 요구했고 나는 그에게 필요한 액수만큼 돈을 지불했다. 그런데 나중에 안 사실이지만 흙을 구입하는 데는 그렇게 많은 돈이 필요하지 않았다.

그렇다면 모두 현금으로 지불한 그 많은 돈은 다 어디에 사용된 것일까? 나는 그 세부 내역을 제대로 몰랐던 탓에 정확한 사용처를 알 수 없었다. 그 사람에게 항의를 했지만 그 사람은 헌신해 준 대가를 모른다며 오히려 내게 화를 냈다. 그때 나는 수차례에 걸쳐 사무실과 집, 휴대전화로 항의를 받았고 그야말로 심장이 멈출 것 같은 충격을 받았다. 전화로 당한 그 수모와 공포는 이루 말할 수 없을 정도였다. 교회 건축에 문외한이었던 내가 철저하게 당한 것이다.

나는 그 일로 큰 상처를 입었다. 몸도 마음도 견디기 힘들었다. 교회 건축이고 뭐고 당장 그만 두고 어디론가 도망가고 싶은 마음뿐이었다. 사람이 두려웠고 그 누구도 믿을 수가 없었다. 기도하며 울기도 많이 울었던 것 같다. 그 일로 하나님은 내게 어떤 일을 하던 돈이 오갈 때는 반드시 근거를 남겨야 한다는 소중한 교훈을 가르쳐 주셨다. 또 사람을 믿는다는 것이 얼마나 허망한 것인지도 철저하게 깨닫게 해주셨다.

개척,
동사무소가 먼저다

만남의교회 개척은 우연한 사건이 발단이 되었다. 내가 'ㄱ'교회 부목사로 시무하고 있을 때, 광주 시내 좋은 교회의 담임목사 자리가 나왔었다. 교단 기독신문인 기독공보에 청빙 광고가 실렸는데, 자세히 알아보니 대략 120여 명이 모이는 교회였다. 'ㄱ'교회 담임목사님께 말씀을 드렸더니 한번 지원해 보라며 추천서를 써 주셨다. 그리고 같은 노회에 소속된 어느 덕망 있는 목사님과 증경총회장까지 지냈던 안영로 목사님도 추천서를 써 주셨다. 나는 담임목사님과 두 분의 목사님이 써 주신 추천서를 다른 서류와 함께 그 교회에 제출했다.

나름대로 기대감을 갖고 결과를 기다렸는데 들리는 소문이 영 심상치가 않았다. 전해들은 이야기에 따르면 지원자가 무려 60여명이 넘었다고 했다. 그 중 심사 대상자로 걸러진 사람은 20여명에 불과한데, 그들은 모두 박사 학위 소지자에 일부 해외 유학파도 있다는 이야기였다. 나는 당시 신학석사 학위 소지자였기에 어깨에서 힘이 쭉 빠져 나가는 느낌이었다. '아, 괜찮은 교회에 청빙을 받으려면 박사 학위가 필요하구나! 아무래도 나는 어렵겠구나!'

그 일 이후로 나는 아예 교회 개척 쪽으로 방향을 틀었다. 물론 그것은 내 마음대로 목회하겠다는 욕심 때문이 아니었다. 나는 진심으로 '소신 있는 목회'를 하고 싶었다. 자꾸 이런저런 주변의 눈치를 보기 보다는 '오직 주님이 기뻐하시는 목회, 하나님께 영광을 돌리는 목회'를 하고 싶었다. 그리고 그 소망을 위한 구체적인 방법이 내게는 제자훈련 목회, 소그룹 중심의 목회, 그리고 차별화된 목회였다.

나는 지역 선정 문제를 놓고 광주 시내를 엄청나게 돌아다녔다. 그리고 특징 있는 목회로 성장한 전국 10여 개 이상의 교회를 모두 탐방했다. 그때 내가 방문했던 교회는 개척한 지 얼마 되지 않았던 교회 몇 곳, 광주 첨단○○교회, 서울 오륜교회, 분당중앙교회, 평택 대광교회, 사랑의교회, 인천 은혜의교회, 고양 화평교회, 대전 새로남교회 등이었다. 나는 이들 교회의 예배에 직접 참석했고 꼼꼼하게 후기도 작성했다. 또 시중에 나와 있는 교회 개척에 대한 책들을 탐독했다. 그 가운데 내가 확실하게 깨달은 것 하나는, 교회 개척을 할 때 예산에 끌려 다녀서는 안 된다는 것이었다.

흔히 교회 개척을 할 때 자신의 예산 규모에 맞춰 위치를 정하는 경우가 많다. 그런데 유동인구가 많고 위치가 좋은 곳은 아무래도 임대료와 보증금이 높을 수밖에 없다. 그렇다 보니 대부분의 목회자들이 '내가 가진 금액이 이것 밖에 안 되니 어쩔 수 없지' 하고 지레 포기해 버리고, 주택가 골목의 적당한 곳에 교회를 개척하는 경우가 많다. 그런데 교회 개척에 있어 가장 중요한 것은 위치다. 교통이 편리하며 눈에 잘 띄어 찾기 쉬운 곳을 골라야 한다. 이것은 생각보다 대단히 중요한 문제이다. 그러기에 예산이 부족하다면 다른 데에서 줄이거나 끌어오는 한이 있더라도 반드시 좋은 위치부터 선정하는 것이 낫다.

아울러 다른 교회 탐방도 빠트려서는 안 된다. 탐방 대상 교회는 내가 목표로 삼고 있는 교회보다 약간 더 큰 규모를 가지고 있는 교회들로 선택하는 것이 좋다. 이는 개척을 준비하는 목회자뿐만 아니라 다른 교회로 청빙을 받아 부임하는 목회자도 마찬가지다. 이처럼 현실에 안주하기 보다는 다른 교회들을 살펴보며 끊임없이 배우고 노력하는 자세가 필요하다.

관련 통계에 따르면, 우리나라 교회의 85퍼센트 정도가 100명 미만의 미자립 교회라고 한다. 이 같은 현실에서 교회를 개척한다는 것은 정말로 철저한 준비가 필요함을 의미한다. 꼼꼼한 사전 준비 없이 일단 개척만 하면 하나님이 알아서 교인들을 보내주실 거라고 믿는 것은, 믿음이 아니라 자신의 책임을 하나님께 떠넘기는 불성실함이다.

나는 교회를 개척할 장소를 정한 후 가장 먼저 그곳의 동사무소를 찾아갔다. 그리고 그 지역과 관련해서 내가 얻을 수 있는 정보를 최대한 얻고자 했다. 그곳은 일단 대규모의 아파트 단지가 새롭게 들어서는 지역이었기에 그 무엇보다 입주할 주민들에 대한 정보가 키워드였다. 동사무소를 비롯해 이곳저곳을 조사한 결과, 자녀가 한 명 내지 두 명인 젊은 부부들이 입주민의 상당수를 차지한다는 사실을 알 수 있었다. 젊은 사람들은 나이든 사람들과는 달리 이동이 잦은 편이라, 출석 교회에 대한 충성도가 그리 높지 않다. 그리고 그들은 무엇보다 자녀들의 교육 문제에 깊은 관심을 가지고 있다.

교회의 콘셉트를 어떻게 잡을 것인지를 두고 나는 많이 고민하며 기도했다. 그리고 하나님께서 기도 가운데 지혜를 주셔서 나는 아름다운 교회, 안방처럼 편안한 교회, 그리고 아이들을 위한 교육시설이 잘 갖춰진 교회로 만들기로 마음을 정했다. 나는 그렇게 교회 설계부터 인테리어까지 콘셉트에 맞게 하나씩 만들어 갔다. 그렇게 만남의교회는 서서히 지역 주민들에게 호감을 얻어 예상보다 많은 부부들이 나오기 시작했다.

나는 교회 콘셉트에 맞게 주일 낮 설교는 주제 중심으로, 저녁 예배는 찬양 중심으로, 수요 예배는 기도 중심으로 인도했다. 그리고 개척 후 3년 반 동안은 제직들을 제외한 다른 리더들은 전혀 세우지 않았다. 성급한 마음에 제대로 훈련 되지 않은 리더들을 세워 야기될 수 있는 각종 문제들을 피하고 싶어서였다. 대신 새로운 교인들을 정착시키고 양육하는 일에만 전력을 기울였다. 실제로 우리 교회에 가정교회가 그 모습을 드러낸 것은 교회가 세워지고 3년 반이 지나고 나서였다. 그러다 보니 교회 내 조직을 구성하지 않는 것에 일부 교인들이 불만을 제기하기도 했다. 그러나 나는 리더를 한 번 잘못 세우면 이를 다시 되돌리는 데 생각보다 많은 시간과 노력이 든다는 것을 알았기에 나의 소신을 끝까지 지켰다. 물론, 그렇게 한 것이 절대적으로 옳은지에 대해서는 이견의 여지가 있다. 그것은 어디까지나 목회자 자신의 판단과 선택에 달린 문제이기 때문이다.

나는 이러한 문제와 관련해서 〈제자훈련지도자세미나〉를 통해 많은 교훈을 얻을 수 있었다. 1989년 해남 황산교회에서 시무할 때 나는 처음으로 이 세미나에 참석했다. 그리고 교회를 개척한 지 3개월이 지난 시점인 2000년 봄에 다시 참석하게 되었다. 〈제자훈련지도자세미나〉를 통해 나는 제자훈련 없이는 소그룹의 리더가 건강하게 세워질 수 없음을 확실하게 배우고 깨달았다. 교회의 토대는 제자훈련으로 다져야 한다. 무엇보다 교회의 리더들은 훈련된 사람들을 주축으로 세워져야 한다. 평신도 지도자들은 목회자와 함께 사역하는 동역자로서 같은 철학, 같은 말을 공유해야 한다. 그렇지 않으면 상상조차 할 수 없는 많은 문제들에 봉착하게 될지도 모른다.

만남의교회가 그동안 한 차례의 증축을 포함하여 총 세 번의 예배당 건축을 하면서도 별 문제없이 유지되고 성장할 수 있었던 것은, 교회의 중심을 잡고 있던 훈련된 리더들 덕분이다. 철저한 제자훈련 없이 그때그때 필요에 따라 리더들을 세웠다면 예배당을 짓고 증축하는 과정에서 몇 차례의 큰 난관에 부딪혔을 지도 모른다.

1999년 11월 27일 토요일 오후 2시, 마침내 나는 32평 정도 되는 예배당에서 만남의교회 창립 예배를 드렸다. 창립 예배는 만남의교회가 소속된 전남노회 전도부 주관으로 드려졌다. 예배당은 노회 전도부 소속 관계자들과 부목사로 시무했던 교회의 교인들, 몇몇 지인들과 일가친척들로 인해 발 디딜 틈 없이 꽉 들어찼다. 그야말로 가슴이 먹먹하고 감격적인 순간이었다. 개척 준비기간에 고생하면서 힘들었던 순간들도 떠올랐다. 또 지금 이 순간까지 인도해 주신 하나님의 은혜에 감격해 마음이 뜨거웠다. 예배가 끝난 후 많은 사람들의 축하를 받고 있노라니 모든 것이 감사했고, 진한 감동으로 가슴이 물결치는 듯했다.

물론 불안함이 전혀 없는 것은 아니었다. 지금껏 인도하신 하나님이 앞으로도 길을 여시고 책임져 주실 것임을 확신하고 있었지만, 내가 감당해야 할 몫 또한 분명히 있었다. 사실 나는 창립 예배를 드리기 한 달 전부터 나름 사전 작업을 충실히 했다. 당시 상가 건물이 있던 지역에는 기존 아파트 외에도 새로운 아파트 단지들이 들어서고 있었고 일부 입주도 된 상태였기 때문이다.

나는 'ㄱ'교회의 부목사를 사임한 직후 아파트 단지를 돌며 만남의교회를 소개하는 전단지를 뿌리고, 차량 스티커도 보기 좋게 만들어 주차된 차량에 정성껏 붙이고 다니는 등 사전 전도에 최선을 다했다. 이는 창립 후 많은 교인들이 우리 교회에 올 것이라고 사전 전도 효과를 기대했기 때문만은 아니었다. 내가 그렇게 열심히 전도를 하면 먼저 하나님이 나를 불쌍히 여겨주실 것이라는 생각 때문이었다. 그리고 우리 교회 구석구석에 필요한 사람들을 보내 주실 것이라는 확신이 있었기 때문이다.

개척의 종잣돈은
'한 사람'이다

창립 예배를 드린 그다음 날이 첫 주일이었다. 나는 오전 8시에 1부 예배, 오전 11시에 2부 예배를 드리기로 하고 이런저런 준비를 했다. 개척교회인 만큼 예배 인원이 그리 많지 않을 것이기에 두 번의 예배면 충분하리라 생각했다. 첫 주일예배를 드린다는 설렘을 안고 1부 예배를 드리기 위해 상가 2층의 교회로 들어갔다. 그런데 이게 무슨 일인가? 예배당은 단 한 명도 없이 텅 비어 있었다. 나는 잠시 당황했지만 곧 하나님이 성도를 보내주실 것이라 믿고 기도하기 시작했다.

텅 빈 예배당에서 혼자 무릎을 꿇고 한참을 기도하고 있는데, 교회 현관문이 삐걱하며 열리더니 낯선 사람 한 명이 주춤거리며 들어왔다. 일단 인사를 하고 처음 오셨냐고 물은 후 환영한다고 말했다. 한 명이라도 왔으니 설교를 하긴 해야겠는데, 여전히 망설여지는 것이 사실이었다. 부목사로 있는 동안 많은 사람들 앞에서 수차례 했던 설교지만, 딱 한 사람을 앞에 놓고 해본 적은 없었기 때문이다.

어찌해야 좋을지 몰라 망설이던 나는 강단에서 내려가 그 성도 곁으로 다가갔다. 다시 한번 환영의 인사를 나눈 뒤, 11시

예배에는 대여섯 명 정도 함께 예배를 드릴 것 같으니 그때 다시 와도 된다고 말했다. 혼자 앉아 있는 그 성도가 불편할까봐 신경이 쓰였고 또 미안했기 때문이다. 그러나 그분은 그대로 예배를 드리겠다는 뜻을 비쳤고, 나는 다시 강단으로 올라가 평생 처음으로 단 한 사람을 놓고 설교를 했다. 그렇게 설교를 마치고 축복기도까지 마친 다음 강단에서 내려와, 이렇게 와 주어서 감사하다고 다시 인사를 나눴다.

    2부 예배에는 다행히 몇몇 친척들이 와서 1부에 비해 풍성한 예배를 드렸다. 그런데 1부 예배에 왔던 그 여자 성도가 2부 예배에 다시 나타난 것이 아닌가. 그것도 또 한 명의 낯선 사람과 함께 예배당으로 들어오는 것이었다. 나는 그 여자 성도가 자신이 아는 사람을 한 명 데리고 온 것으로 생각했다. 그런데 그것은 완전한 착각이었다. 그 둘은 전혀 모르는 사이였고, 따로따로 예배에 온 것이었다.

    나중에 이야기를 듣고 알게 되었는데, 1부 때 왔던 그 여자 성도는 사실 창립 전에 이미 우리 교회를 와 보았다고 했다. 근처의 아파트에 막 이사를 왔는데, 내가 아파트 단지에 뿌린 교회 소개 전단지를 유심히 보았던 모양이다. 1부 때 온 그 여자 성도와 2부 때 같이 들어온 또 한 명의 성도는 결국 우리 교회에 정착을 했고 나중에는 두 분 다 권사가 되었다.

주변 목회자들의 이야기를 들어보면 교회를 개척하고 6개월 동안은 한 명도 없이 혼자, 또는 사모와 자녀들을 앉혀 놓고 설교하고 예배드리곤 했다고 한다. 하지만 나는 하나님의 은혜로, 처음부터 두 명의 성도와 함께 예배드릴 수 있었다. 이는 나를 긍휼히 여기시는 하나님의 특별한 은혜가 아니고는 달리 설명할 길이 없다.

부목사 시절 나는 소그룹의 경험이 있었기에 그 두 명의 성도를 교회에 정착시킬 수 있는 방안을 생각했다. 확실하게 등록을 한 것도 아니고 다시 올지 안 올지 모르는 사람들이라서 매주 마음이 조마조마했다. 결국, 주소를 보고 집을 찾아갔고 함께 신앙생활을 하자고 조심스레 말했다.

그 뒤로 나는 틈날 때마다 밖에 나가 전도를 했고, 하나님은 매주 장년 성도들과 아이들을 교회에 보내주셨다. 교인 한 명 없이 시작한 교회에 성도들을 조금씩 채워주시는 하나님을 찬양하지 않을 수 없었다. 나는 새가족이 올 때마다 일일이 심방하며 그들이 교회에 정착할 수 있도록 최선을 다했다. 그리고 일대일 양육을 시작했는데, 중간에 새가족이 들어오면 다시 합쳐서 양육하고 또 양육하기를 만 1년 정도 했던 것 같다.

만남의교회의 제자훈련은 2000년 말 아홉 명의 훈련생들로 시작되었다. 당시 출석하는 교인들은 더 많았지만, 양육을 거친 성도는 아홉 명뿐이었다. 다른 목회자들의 간증을 듣다보면 나는 '하나님이 내게 참 많은 복을 주셨구나!' 하고 느끼곤 한다. 개척교회 시작부터 두 명의 성도와 함께 예배할 수 있었고, 제자훈련 역시 이 아홉 명의 성도들과 함께 시작할 수 있었기 때문이다.

이러한 복은 아마도 내가 사전에 들인 에너지 때문이 아닐까 생각한다. 교회를 개척한 다음에 에너시를 쏟아 붓는 것도 중요하지만, 그보다 더 필요한 것이 사전 준비다. 내 경험에 비추어볼 때 이는 아무리 강조해도 지나치지 않다. 나는 교회의 십자가를 세우지도 않은 상태, 즉 교회가 생기지도 않은 상태에서 전도부터 시작했다. 그때 쏟아 부은 에너지가 첫 예배 때 두 명의 성도로 나타났다. 내가 여기서 개인적인 경험을 구구절절 늘어놓을 순 없지만 나는 사전에 고생을 많이 했다. 교회 개척은 절대로 무턱대고 혹은 주먹구구식으로 할 수 있는 것이 아니다. 사전에 철저하게 준비해야 한다. 이러한 철저한 사전 준비에 힘입어 교회는 반드시 일어난다.

나는 〈제자훈련지도자세미나〉에 참석한 이후 강의 테이프를 구입해 수시로 들었다. 전체 강의를 반복해서 들은 것만도 수십 번은 되는 것 같다. 가만히 듣다 보면 제자훈련에서 강조하는 것이 있다. 바로 1기 훈련을 실패하지 말라는 것이다. 1기

훈련이 실패하면 2기, 3기가 다 어려워진다. 개척교회를 하면서 나름대로 얻은 교훈이 있었기 때문에 나는 제자훈련도 사전 준비를 철저하게 했다. 가장 중요한 것은 역시 1기 훈련이었다. 철저한 사전 준비를 통해 나는 'FM대로' 훈련을 진행했다.

철저한 준비의 중요성은 교회 개척의 영역이나 제자훈련의 영역이나 마찬가지다. 사전 준비가 많으면 많을수록 탈락자의 수는 그만큼 줄어든다. 나는 1기 제자훈련을 아홉 명으로 시작해서 전원을 별 탈 없이 졸업시켰다. 1기 훈련생들의 60퍼센트는 지금 우리 교회의 든든한 일꾼으로 서 있다. 나머지 훈련생들도 어떤 갈등이나 문제가 있어서 교회를 떠난 것은 아니다. 부득이하게 이사를 가게 되어 집 근처 교회로 옮긴 경우가 대부분이다. 이는 제자훈련 사전 준비의 중요성을 다시 한 번 확인할 수 있는 예이다.

흩어질 때가 있고
모일 때가 있다

목회자가 되기 전 나의 직업은 공무원이었다. 어린시절을 생각하면 '가난'이라는 단어가 먼저 떠오른다. 그럼에도 불구하고 자녀들을 부족함 없이 가르쳐야 한다는 부모님의 교육 소신 덕분에 나는 어려운 가운데서도 공부를 이어갈 수 있었다. 그래서 내게는 얼른 공부를 마치고 돈 벌어서 부모님께 효도해야 한다는 생각뿐이었다.

나는 고등학교를 목포에서 졸업했고 그 후 다시 7년 동안 그곳에서 공무원으로 일했다. 당시 그 학교에는 졸업생 중 학교장과 담임선생님의 추천을 받은 자가 근무할 수 있는 혜택이 있었는데 내가 그 혜택을 누린 것이었다. 처음 1년 동안은 임시적으로 봉사했고, 그 후에 정식 발령을 받아 교육 공무원이 되었다. 그런 의미에서 목포는 여러 모로 내게 의미 있는 도시였다.

나는 학교 업무와 함께 신앙생활에도 최선을 다하고자 했다. 특히 교회 청년회 활동과 청년연합회 활동을 하면서 신앙이 많이 성숙해졌던 것 같다. 당시 목포노회 청년연합회 지도 목사님은 내가 목회자의 길로 가면 좋겠다고 말씀하셨다. 가르치는 일을 잘하고 매사에 열정적인 모습이 목회자의 자질로 충분하다는 것이었다. 학교에 근무하면서 결혼도 하게 되었는데, 아내 역시 동일한 생각이었다.

아내는 청년 시절에 처음 예수를 믿고 온 가족을 전도해 독실한 기독교 집안으로 만든 장본인이었다. 그런 집안 분위기 탓이었는지, 아내는 사모가 되게 해달라는 기도를 오랫동안 해 왔다고 했다. 반면 우리 집안은 3대째 기독교 신앙을 이어오는 집안이었고 친척 중에 목회자도 많았다. 그리고 당시 어른들 대부분이 권사, 장로들이었고 목회자도 넷이나 되었다. 내가 목회자가 된 것도 그런 인척들의 영향이 크지 않았나 싶다.

목포의 한 고등학교에서 근무하던 시절 나는 '1인 4, 5역'을 감당했다. 일하면서 대학까지 다닐 형편은 못 되었지만 마음만은 꼭 가고 싶었다. 대학 입학을 위해 우선 학교장의 허락을 받아야 했고, 무엇보다 근무 태도에 있어 어느 정도 인정을 받아야 했다. 그래서 나는 최고로 열심히 살았고 열정적으로 일했다. 그렇게 학교장과 학과장의 허락을 받았고, 주경야독의 대학 생활이 시작되었다. 그리고 4년 뒤 목포과학대학교 경영학과를 졸업하고, 바로 이어 호남신학대학교 신학과에 입학하여 신학생이 되었다.

그러면서 목포의 한 교회에서 교육전도사로도 사역했다. 거기다가 목포노회 청년연합회 회장으로도 활동했다. 결혼도 그때쯤 했다. 이렇게 바쁘게 여러 가지 일들을 감당하다 보니, 내가 부교역자로 있던 희성교회의 담임목사님은 나를 '탁구공'이라고 불렀다. 낮밤을 가리지 않고 이리저리 통통 튀어 다녔기 때문이다.

그때 나는 정말 정신없이 살았다. 학교에서 근무하다 퇴근하면 학생이 되어 호남신학대학교로 공부하러 갔다. 그 당시 목포에서 광주까지 버스로 통학하기란 그리 쉬운 일이 아니었다. 그렇게 늦은 밤까지 공부하고 학교 기숙사에서 잠을 잤다. 아내가 갈아입을 옷과 도시락을 일터인 학교에 가져다주면 다시 또 공무원으로 하루를 시작했다. 그때는 신혼이었는데 자주 집에 들어 가지도 못했다. 더구나 때때로 학교 숙직도 해야 했기 때문에 대부분의 시간을 학교에서 보냈다. 말 그대로 정신없이 일주일을 살다가 주말에 겨우 집에 들어가곤 했다. 하지만 주말 역시 교회 사역으로 쉴 틈이 없었다. 정말이지 그때 난 죽을 고생을 엄청나게 했다.

남편의 얼굴조차 보기 힘들었던 아내는 그럼에도 불구하고 불평 한마디 늘어놓지 않았다. 사모가 되고 싶다고 기도해왔고 실제로 목사 남편을 만난 아내로서는 딱히 뭐라 말하기 어려웠던 모양이다. 나는 호남신학대학교를 졸업하고 본격적으로 목회자의 길을 가고자, 모교이자 정들었던 직장을 떠나기로 했다.

그러다가 다시 또 다른 학업을 이루기 위해 광주대학교 법학과에 진학했다.

나는 평소 하고 싶었던 법 공부를 더 열심히 하기 위해, 다시 기숙사 생활을 시작했다. 광주 'ㄱ'교회 기숙사에서 공부와 기도를 병행하며 가족들과 떨어져 지낼 수밖에 없었다. 그리고 그 후 내가 장로회신학대학교 신학대학원에 입학하면서 우리 가족은 또 한번 이산가족이 되고 말았다. 더욱이 그때는 해남 황산교회에서의 단독 목회를 시작했던 때라 가족들의 얼굴 한 번 보기가 쉽지 않았다. 당시 아내가 홀로 자녀들 양육을 책임지며 겪었을 고통과 외로움이 얼마나 컸을지 생각하면 나는 한없이 미안해진다. 그리고 아버지의 빈 자리에도 아무 탈 없이 잘 자라준 자녀들에게 얼마나 고마운지 모른다.

내가 가족들과 매일 함께 지내기 시작한 것은 광천교회 부목사로 부임한 때인 1990년 7월부터였다. 그러니 부목사 생활은 이전보다 더 바빴다. 어느 부목사나 마찬가지겠지만, 나는 어떤 요령도 없이 그저 담임목사님이 시키는 대로 몸을 아끼지 않고 충성하는 부목사였다. 그렇게 나는 약 8년 동안을 최선을 다해 사역했다.

죽어야 다시 산다

1994년 5월 첫째 주, 나는 목사 안수를 받고는 처음으로 주일 낮 강단에 서게 되었다. 시무하던 교회의 담임목사님이 내게 처음으로 주일 낮 설교를 맡기셨던 것이다. 그 교회는 주일에 1부부터 3부까지 총 세 번의 예배를 드렸었는데, 주일 낮예배인 2부 예배는 11시에 드렸고 참석 인원도 가장 많았다. 내 기억으로는 대략 600명 정도 출석했던 것 같다.

그렇게 많은 교인들 앞에서 처음 하는 설교라 긴장되면서 설레기도 했다. 설교 준비를 철저히 했기에, 나는 별 문제 없이 말씀을 전했고 축도까지 잘 마쳤다. 그렇게 강단에서 내려왔는데, 그 이후로는 아무 기억이 없다. 강단에서 내려오다 그대로 쓰러진 것이었다. 가까스로 눈을 떠보니 병원이었다.

한참이 지난 후에 당시의 일을 더듬어 보았는데, 그때 나는 어쩌면 죽었던 게 아닌가 싶다. 당시 교회는 총동원 전도를 하고 있었는데, 나는 몇 년간 쌓인 과로에 시달리면서도 밤낮을 가리지 않고 뛰어다녔다. 그러다 보니 더 이상은 버틸 수 없는 한계점에 도달했던 것 같다. 당시 나는 30대 초반이었는데 의사의 진단은 과로였다. 지금도 그때를 생각하면 가슴이 철렁 내려

앉는 것만 같다.

한편, 아내는 쓰러진 나를 싣고 병원으로 향하는 응급차 안에서 별의별 생각이 다 들었다고 했다. 이렇게 젊은 나이에 남편이 죽으면 자신은 앞으로 어떻게 살아야 할 것인지 생각하니, 눈앞이 깜깜해지고 눈물이 펑펑 쏟아졌다고 했다. 당시 아내와 나는 교회에서 내준 사택에서 지내고 있었는데, 내가 죽으면 아내는 그 사택에서도 나와야 할 것이니 정말 막막하기 그지없었을 것이다.

그런데 나는, 그때 하나님이 나를 일부러 죽이신 것이 아닐까 생각한다. 그때 나는 육체적으로 영적으로 죽은 상태였다. 광주에 있는 다른 교회에 청빙 지원서를 넣었는데 학위가 없다는 이유로 서류 심사에서 탈락한 일을 계기로 나는 다시 공부의 필요성을 체감했다. 당시 내가 시무하고 있던 광천교회에서는 부목사들에게 인센티브 제도를 적용하고 있었다. 교회에 총 다섯 개의 교구가 있었는데, 다섯 명의 부목사들이 한 교구씩 맡아 목양하고 관리하고 있었다. 담임목사님은 우리 부목사들에게 교구를 열심히 관리해 달라고 부탁하면서, 교구 관리에 열정적이고 성실한 부목사에게는 인센티브를 주겠다고 했다. 인센티브의 내용은, 그 사람이 원하는 것 한 가지를 해주겠다는 것이었다.

그래서 모든 부목사들은 하나같이 열심히 뛰었다. 나 역시 마찬가지였다. 정말 앞뒤 가리지 않고 열심히 일했다. 그 결과 나는 담임목사님이 제시하신 인센티브를 받게 되었고, 교회의 지원을 받아 신학 석사 과정을 무사히 마칠 수 있었다. 그 과정에서 나는 혼자서 몇 사람의 역할을 감당해야 했고 자연스레 몸과 마음은 피폐해져 갔다. 바쁜 사역의 틈에 잠시나마 혼자 있을 때면 그동안 꾹꾹 눌러 두었던 외로움과 서러움이 물밀듯 밀려왔다. 하나님과 동행한다고 하면서도 혼자 세상 짐을 다 지고 헐떡이고 있었던 것이다. 그리고 그 짐은 결국 한순간 나를 쳐서 쓰러뜨렸다.

그렇게 얼마간 병원에 입원해 있다가 퇴원하고 교회에 갔는데, 담임목사님은 내게 특별히 일주일간의 휴가를 주셨다. 지리산에 헌집이 한 채 있는데 그곳에 가서 요양을 하고 오라고 하셨다. 나는 지리산 계곡 물이 흐르는 그곳에서 쉬는 동안 지치고 상한 몸과 마음이 서서히 치유됨을 느꼈다.

나는 하나님이 나를 왜 쓰러뜨리셨는지 알 것 같았다. 하나님은 나를 다시, 새롭게 쓰시고자 하셨던 것이다. 그러기 위해서 하나님은 먼저 나를 죽이셔야 했다. 죽어야만 새롭게 다시 살아날 수 있기 때문이다. 그 일로 나는 쉼의 중요성을 온몸으로 절감했다. 아내 역시 그 일 이후로, 공기 좋고 나무들이 우거

진 숲 속에 집을 짓고 살고 싶다는 말을 자주 했다. 그런데 여기서 쉼은 단순히 아무것도 하지 않고 있는 것이 아니다. 참된 쉼은 하나님 안에서 영적인 안식을 누리는 것이다. 그런 영적인 안식 없이는 사역도 있을 수 없다.

아픔 없는 목회가 어디 있을까

사실 따지고 보면 아픔 없는 목회는 없다. 나뿐만 아니라 오랫동안 목회를 하셨던 선배 목회자들의 말을 들어봐도 목회하는 과정에 숨겨진 아픔은 이루 말할 수 없을 정도다. 다만 그 아픔을 하나님이 주시는 위로와 용기로 극복해 나갈 뿐이다.

나는 제자훈련을 하면서 많은 아픔을 겪었다. 대다수의 교인들은 내 말을 믿고 잘 따라와 주었지만 처음에는 반발도 많았다. 어떤 교인들은 "제자훈련이 결국 목사님 사람 만들겠다는 소리 아닌가요? 제자훈련 못 받겠네요!" 하며 대놓고 말하기도 했다. 또 어떤 교인들은 제자훈련 대상자 선정을 두고 "왜 목사님은 자신이 원하는 사람만 가지고 제자훈련을 하느냐"며 이의를 제기했다.

이런 교인들의 말은 내게 큰 상처로 다가왔다. 그들이 한 말은 날카로운 가시가 되어 내 마음에 박혔다. 제자훈련에 대한 교인들의 생각을 되돌린다는 것이 결코 쉬운 일은 아니었다. 이뿐만이 아니었다. 처음부터 만남의교회에서 신앙생활을 시작한 성도들은 별 문제가 없었지만, 과거에 다른 교회에서 신앙생활을 하다가 옮겨온 성도들은 우리 교회의 예배 형식에 대해 불편

함을 드러내는 경우도 많았다.

이들은 "왜 우리 교회는 전통교회와 예배 방식이 다르냐"며 직·간접적으로 압박을 가해 왔다. 이들은 예배 형식뿐만 아니라 설교도 전통적인 방식으로 해야 한다고 주장했다. 심지어 이들은 교회법상 1년에 2회 이상 하도록 되어 있는 당회도, 매달 꼬박꼬박 해야 한다며 불만을 터뜨리기도 했다. 사실, 이는 기존의 전통 교회에서 적응하지 못해 옮겨 온 그들이, 오히려 우리 교회가 전통 교회처럼 하지 않는다며 불평의 목소리를 내는 것이었다.

내가 청빙을 포기하고 개척을 감행한 것은, 무엇보다 교회를 '하나님 중심'으로 인도하고 싶었기 때문이다. 그리고 정말 주님이 기뻐하시는 교회를 이루고 싶었기 때문이다. 이 철학은 지금도 변함이 없다. 만남의교회도 한때, 하루가 멀다 하고 일사천리로 부흥하고 성장하던 때가 있었다. 힌 예로 220명이 복음을 듣고 그 중 많은 사람들이 결신했던, 2007년 봄의 영혼구원잔치가 있었다. 가끔은 그 때가 그립기도 하다. 그러나 좀 더 긴장감을 가지고 지금 내게 맡겨진 영혼들에게 마음을 쏟아야 함을 잘 알고 있다.

이런저런 일을 겪었던 내게 상처가 없다면 이는 거짓말일 것이다. 대부분의 아픔과 상처는 인간관계에서 발생하기 때문이다. 교회 내부의 쓰디쓴 아픔은 3, 4년을 주기로 반복되었다. 특히 10년 어간에 증축을 포함하여 건축을 세 번 한 우리 교회로서는 두 말 할 여지가 없다. 목회에 있어 가장 어려운 것이 아마도 예배당 건축이 아닐까 한다. 우리 역시 교회 내부에 이런저런 일이 있을 때마다 일정 수의 교인들이 교회를 떠났다. 민감한 사안을 두고 교인들 간의 갈등과 불화가 계속 됨으로 인해 발생하는 어쩔 수 없는 결과였다.

이 시점에서 우리는 '훈련 목회'의 절대성을 언급하지 않을 수 없다. 훈련되지 않은 성도들은 대부분 기존에 자신이 가지고 있던 관념을 웬만해선 바꾸려 하지 않는다. 그렇기에 건강한 교회로 성장하기 위해서는, 아예 불신자를 전도하고 양육시켜 성도로 세우는 것이 더 나을 수도 있다.

나는 평소 불신자 전도를 강조한다. 수십 명의 수평 이동 교인을 얻는 것보다, 불신자 한 명이 회심하여 양육받고 훈련받아 건강한 평신도 리더로 서는 것에 교회의 미래가 있기 때문이다. 한편, 성도들은 훈련 목회를 그다지 좋아하는 것 같지 않다. 그렇다고 예수님의 목회 본질이었던 제자훈련을 미루거나 포기할 수는 없다. 더디더라도 예수님처럼 끝까지 인내하면서 한 명 한 명 세워나가면, 언젠가는 그들 가운데 좋은 신앙의 동역자와 든든한 목회 파트너가 생겨날 것이라 믿기 때문이다.

2장

진심을 우려내면
뚝심도 움직인다

만남의교회 **새가족 정착 이야기**

이제는 앞문으로 들어오는 새가족의 수만큼이나
뒷문으로 나가는 새가족의 수를 줄이는 것이
중요함을 모르는 교회가 없다.
왜냐하면 새가족을 얼마만큼 정착시키느냐가
교회의 성장 여부를 결정하기 때문이다.
그러나 문제는 새가족 정착이 그렇게 쉽지 않다는 것에 있다.

불신자 회심 정착률 80퍼센트

만남의교회는 국제제자훈련원 CAL 프로파일로 2004년과 2011년 두 차례에 걸쳐 교회 건강성을 점검받았다. 어찌 보면 대수롭지 않은 일로 생각될 수 있지만, 평가를 당하는 목회자 입장에서는 그게 그리 쉬운 일만은 아니다. 이 설문은 성도들이 무기명으로 여덟 개 항목에 대한 평가를 하게 되어 있는데, 그 중에는 목회자에 대한 항목도 있다. 자신의 교회 성도들로부터 그간의 사역에 대한 평가를 받는 셈인데, 목회자로서 사실 두려운 일이 아닐 수 없다.

나는 이런 평가를 두 차례나 받았는데, 그렇게 한 이유는 내가 사역을 잘하고 있다는 자신감 때문이 아니었다. 이런 평가를 통해 나의 목회 방향을 점검해보고 싶었고, 우리 교회의 건강성이 어느 정도 되는지 객관적으로 진단받고 싶었기 때문이다. 그리고 목회에 있어 부족한 부분을 파악하고 보완해야 할 부분이 무엇인지 알고 싶었기 때문이다.

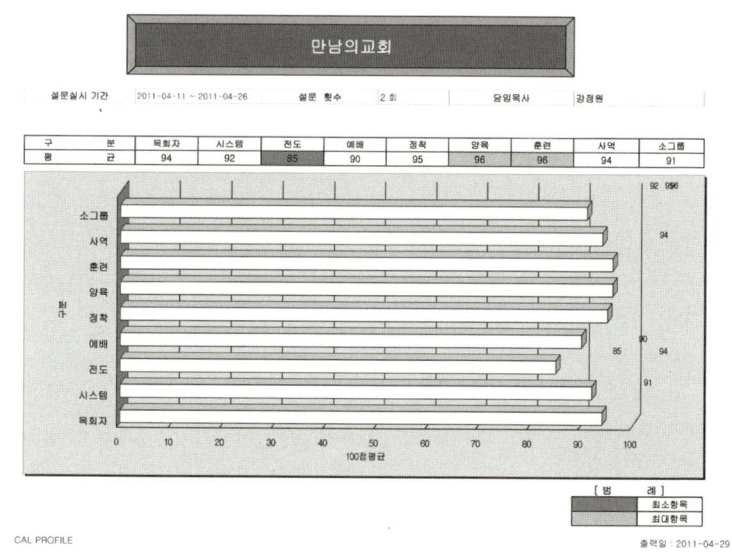

〈2011 CAL 프로파일 그래프〉

이런 과정을 통해 확인된 만남의교회의 가장 큰 특징은 '건강성'이다. 만남의교회 교인들은 다른 교회에서 수평 이동해 온 교인들이 아니다. 거의 대부분이 불신자였다가 전도를 통해 교회에 나오게 된 사람들이다. 그들이 새가족으로 섬김을 받고 양육 과정을 거쳐 교회에 정착하고 성장 과정을 거쳐 평신도 사역자로 길러지기를 수십 차례 반복하는 사이 만남의교회는 성장했다. 그런 면에서 만남의교회는 '뿌리가 단단한 교회'인 것이다. 교회의 규모는 그리 크지 않지만, 불신자 회심 정착률 면에서 우리 교회 교인들은 강한 자부심을 가지고 있다.

불신자를 교회에 정착시키는 과정도 명확하게 세워져 있다. 양육을 체계화하는 기본 과정에서 중급과 고급 과정 대상의 제자반까지 탄탄한 커리큘럼으로 준비되어 있다. 이것은 만남의교회 목사로서 나의 과장된 자랑이 아니라, 교인들이 스스로 인정하는 사실이다.

만남의교회에서는 정착, 양육, 제자훈련, 사역훈련, 가정교회 하나하나가 자체의 커리큘럼을 가지고 체계적으로 운영된다. 그래서 어느 것 하나를 별도로 떼어놓아도 스스로 움직일 수 있을 정도로 자생력이 있다. 각 지체가 모여 하나의 교회를 이루지만 각 지체별로도 생명력을 가지고 있는 유기체와 같다. 만남의교회는 비록 역사는 짧지만, 변함없는 열정을 가지고 건강한 교회로 살아남기 위해 오늘도 몸부림치고 있다.

만남의교회는 짧은 시간 동안 한 번의 증축을 포함해 총 세 차례에 걸쳐 예배당을 건축했다. 그 과정에서 가슴 아픈 일들도 있었다. 첫 번째 건축을 준비할 때 나는 너무도 행복해서 집사님 몇 분을 모시고 교회 토지를 보러 갔다. 나는 그분들과 솔직하게 이런저런 이야기를 나누고 싶었지만 혹여 그분들이 부담을 느낄까봐 아무 말 없이 돌아왔다. 그런데 3주 후부터 그 집사님들의 모습이 안 보이기 시작했다. 조금 이상하기는 했지만 개인적인 사정이 있겠거니, 다음 주에는 볼 수 있겠거니 생각했다. 하지만 그분들은 지금까지도 나타나지 않고 있다. 성도 수가 많지 않던 상황에서 그 일이 내게 준 허탈감은 이루 말할 수 없다.

그 와중에도 눈물나게 감사한 것은, 그래도 훈련받은 성도들은 교회를 떠나지 않았을 뿐만 아니라 예배당 건축을 둘러싸고 일절 잡음도 만들지 않았다는 것이다. 이는 만남의교회가 뿌리가 단단한 건강한 교회였기에 가능했던 일이다.

예배당 건축과 관련하여 눈물 없이는 나눌 수 없는 이야기들도 많이 있다. 예배당 건축에 돌입했을 때 만남의교회 역시 여느 교회들처럼 온갖 고생을 다했다. 그 힘든 시간을 견뎌내고 1차 건축을 마치고 입당했을 때의 기쁨은 이루 말할 수 없을 정도였다. 상가 2층의 32평이라는 좁은 공간에서 예배도 드리고 점심도 먹고 교회학교도 열었는데, 150여 평의 새 예배당을 건축하여 처음 예배드릴 때의 그 기쁨과 감사와 감격은 눈물범벅으로 밖에는 표현할 길이 없었다.

더욱 감사한 것은 그 당시 예배당 안에 필요한 비품들이 성도들의 헌납으로 전부 채워졌다는 것이다. 본당 의자, 강대상,

그랜드피아노, 프로젝트, 음향기기, 식당의 식탁과 의자 등을 성도들이 하나씩 자원해서 가지고 왔다. 이는 교회에 대한 뚜렷한 소속감 없이는 불가능한 일이다. 만남의교회 교인들은 교회에 대한 확실한 청지기 의식을 가지고 있었던 것이다.

마중물
한 바가지의 위력

만남의교회의 기본 커리큘럼은 '전도 대상자-전도-정착-양육-성장-훈련-재생산'이다. 이 일곱 개의 과정이 선순환하며 건강하게 성장하는 모델이다. 이 모델이 제대로 움직여지기 위해서는 무엇보다 전도가 중요하다. 전도는 만남의교회의 전체 커리큘럼이 돌아갈 수 있게 하는 토대이자 마중물이기 때문이다.

내가 어렸을 때만 해도 상수도 시설이 지금처럼 잘 갖춰져 있지 않았다. 도심을 벗어나 조금만 외곽으로 나가도 집안의 펌프를 이용해 물을 끌어오는 집들이 많았다. 그런데 펌프질만 잘한다고 해서 물이 콸콸 나오지 않는다. 중요한 것은, 먼저 펌프 안에 물을 한 바가지 퍼서 넣어주어야 한다는 것이다. 그렇게 물을 퍼 넣고 열심히 펌프질을 하면 잠시 뻐걱뻐걱하는 소리를 내며 뜸을 들이다가 비로소 시원한 지하수가 콸콸 쏟아져 나온다.

이 때 처음 펌프 안에 붓는 한 바가지의 물이 바로 마중물이다. 마중물은 펌프로 지하수를 끌어내기 위한 일종의 씨앗이자 출발점이다. 그리고 만남의교회의 기본 커리큘럼에서 전도가 바로 이 마중물에 해당한다. 성도들을 교회에 잘 정착시키고 양육하고 훈련해서, 이들이 다시 밖으로 나가 재생산 하도록 하려면 무엇보다 그 첫 시작점, 전도가 일어나야 하는 것이다.

그래서 만남의교회는 전도를 특히 중요시한다. 매년 봄에는 전교인을 대상으로 '한 영혼 구원 잔치'를 벌이고 가을에는 '대각성전도집회'와 '새생명축제'를 연다. '한 영혼 구원 잔치'를 앞두고는 한 명의 성도가 한 영혼을 책임지고 전도하게 한다. 그리고 '대각성전도집회'와 '새생명축제'는 가능한 많은 불신자들을 데려와 복음을 듣게 하는 것에 그 목적이 있다. '한 영혼 구원 잔치'가 하나의 타깃에 초점을 맞춘 '미사일형 전도법'이라면, '대각성전도집회'와 '새생명축제'는 많은 불신자들 중에서 알곡을 골라내는 '정치망식 전도법'이다.

만남의교회 안에는 '부침개 전도대', '빌립 전도대', '바울 전도대', '디모데 전도대', '두발로 전도대' 등 다양한 전도팀들이 있다. 이들은 팀마다 조금씩 다른 전도법으로 불신자들에게 접근한다. 모두 네 개의 작은 팀으로 구성되어 있는 '부침개 전도대'는 교회에서 미리 부침개를 구워서 아파트 상가와 같이 많은 사람들이 모이는 곳에 들고 나간다. 그리고 부침개를 받은 사람이 벤치에 앉아 부침개를 먹는 동안 복음을 전하고 교회를 홍보하는 것이다. '두발로 전도대'는 공원이나 관공서 등을 돌며, 교회 명함이 꽂힌 캔 커피를 전하는 팀이다. 이처럼 만남의교회에서는 주일 오후가 되면 전 성도가 전도지를 들고 지역 주민들을 만나러 나간다.

이렇게 전도를 통해 교회에 출석한 새가족은 바나바 사역 프로그램 안으로 들어가게 된다. 그 중 기존에 교회를 다녔던 새가족은 3주짜리 프로그램에 들어가고, 교회에 처음 나온 새가족은 5주짜리 프로그램에 들어가게 된다. 만남의교회의 기본 양육과정으로 '양육반', '영성반', '교회론반'이 있다. '양육반'에서는 구원의 확신을 심어주는 데 집중하고 소그룹을 통해 '나는 누구인가'에 대해 생각하고 나누게 한다. 예수님의 소원이자 마지막 유언이었던 '하나 됨'에 초점이 맞춰져 있다고 할 수 있다. 나아가 하나님은 누구인지, 예수 그리스도는 누구인지, 그리고 인간이 영생을 얻는 방법이 무엇인지에 대해서도 배운다. '영성반'에서는 가장 기본적으로 성경은 어떤 책인가부터 시작해 성령은 어떤 분인지, 예배는 무엇인지에 대해 깊이 다룬다. 그리고 기도가 무엇인지, 예배 기도하는 방법 등 손에 잘 잡히지 않는 기독교 교리들에 대해 구체적으로 배운다. '교회론반'은 기존 교인을 포함해 새가족 전체가 이수해야 하는 과정인데, 교회가 무엇인지에 대해 성도들이 몸으로 체감하고 배울 수 있도록 인도한다. 그리고 모든 성도들이 예수님 중심, 교회 중심으로 신앙생활 할 수 있도록 하는 것에 초점이 맞춰져 있다.

대다수의 새가족 정착은 교회론반 과정에서 이루어진다.

하지만 교회론반 과정을 마쳤다고 해서 모두가 다음 과정으로 올라가는 것은 아니다. 기본 과정을 마친 새가족의 60퍼센트가 '성장반'으로 올라가서 양육과 훈련 과정을 거치게 되지만, 나머지 40퍼센트는 만남의교회 내의 가정교회로 편입된다. 이들은 직장이나 개인적 여건 때문에 본격적인 훈련을 받기 어려운 사람들이어서 가정교회 안에서 돌봄을 받는 것이다.

'성장반'은 모두 11주 과정이다. 기본 과정과 마찬가지로 성장반을 수료했다고 모두 다 제자훈련으로 넘어가는 것은 아니다. 수료생의 40퍼센트 정도가 '제자훈련'에 들어가고, 이 중에서 다시 일부의 사람들만 '사역훈련'까지 받는다. 그리고 사역훈련을 마친 사람들은 만남의교회 평신도 리더로서 담임목사와 함께 사역에 동참하게 된다. 만남의교회는 대략 이러한 과정을 거쳐 교회 안에 리더를 세운다.

철새가족, 우리 식구 만들기

개척교회에 있어 전도와 함께 또 한 가지 중요한 요소는 정착이다. 전도되어 온 사람이 교회에 정착하지 못하고 떠나버린다면, 사실 아무리 전도를 많이 한다 해도 소용이 없다. 많은 교회들이 갓 등록한 새가족에게 양육을 위해 교회로 오라고 한다든가 성경공부를 하자고 접근한다. 그런데 이렇게 시작하면 실패할 확률이 높다.

새가족에게는 안정적인 정착이 먼저다. 이것이 교회가 가장 먼저 해야 할 일이다. 양육도 성경공부도 봉사도 정착이 이루어진 뒤에나 기대할 일이다. 그러면 새가족을 어떻게 정착시킬 것인가?

첫째, 담임목사의 의지가 중요하다. 담임목시기 새가족 정착에 대한 강한 의지를 가지고 부교역자나 담당자에게 먼저 모범을 보여야 한다.

둘째, 양육과정에 들어가기 전에, 새가족을 섬기며 돌볼 수 있는 사역자를 발굴하여 훈련시켜야 한다. 이들은 교회의 얼굴이자 새가족 정착이라는 가장 중요한 일을 담당하는 사람들이기에, 열정이 있고 교회 안에서 본이 되는 책임감 강한 사람들을 선봉에 세우는 것이 좋다. 그런데 많은 교회의 경우, 열정이 있고 책임감이 강한 사람들을 다른 분야에서 봉사하게 하는 경우가 생각보다 많다.

셋째, 새가족을 만나러 갈 때는 절대 빈손으로 가지 않아야 한다. 단, 지나치게 고가의 선물을 가지고 가지 않도록 주의해야 한다. 주는 사람도 받는 사람도 부담스럽지 않은 적당한 선물을 선택하는 것이 중요하다.

넷째, 새가족은 교회 외의 다양한 장소에서 만나는 것이 좋다. 예를 들어, 사역자가 자신의 가정에 새가족을 초대해서 다과를 나누며 교제하는 것이다. 그리고 때가 되면 새가족의 집에서 새가족이 좀 더 편안한 분위기에서 더 친밀한 관계를 형성하기도 한다. 그밖에 함께 쇼핑을 하거나 간단한 운동이나 산책을 하는 것도 나쁘지 않다.

다섯째, 만나는 장소가 어디든 간에 그날 나눠야 할 내용은 교재를 통해 미리 숙지하고 가야 한다. 그렇지 않으면 시간이 지날수록 대화가 이상하게 흘러가거나 세상적인 대화로 채워질 가능성이 있기 때문이다.

여섯째, 만남 이후에는 반드시 보고서를 작성해야 한다. 이는 새가족 담당 사역자뿐만 아니라 전체 목양을 책임지는 담임목사가 새가족에 대해 한눈에 파악할 수 있게 하기 위함이다.

그리고 새가족 담당 사역자 입장에서는 새가족에 좀 더 관심을 갖고 집중할 수 있어서 좋다.

일곱째, 새가족 사역자 모임을 정기적으로 갖는 것도 대단히 중요하다. 이 모임이 들쑥날쑥 하면 새가족들을 놓칠 가능성이 그만큼 높아진다고 할 수 있다. 사역자들끼리 만나서 보고 들으며 함께 기도할 때, 새가족 사역에 힘이 더해지는 것이 사실이다.

마지막으로, 일 년에 두서너 차례 새가족 환영회를 갖는 것이 좋다. 만남의교회는 6개월에 한 번씩, 주일 낮예배 후 새가족 환영회를 갖는데, 이를 통해 모든 성도들이 새가족들의 얼굴을 익히고 개인적으로 알아갈 수 있는 기회를 제공하는 것이다.

한번 발 들이면
눌러앉고 싶은 교회

만남의교회 새가족 정착을 담당하는 바나바는 우리 교회가 가장 자랑스럽게 내세울만한 조직이다. 바나바 훈련을 받고 새가족을 섬기고 있는 바나바는 현재 모두 서른 한 명이다. 이들은 부부팀, 직장팀, 개별팀으로 조직되어 있는데, 만남의교회 소그룹 사역의 기본 과정은 물론, 중급 과정과 고급 과정인 제자훈련까지 다 마친 평신도 사역자들이다(원칙은 이러하나, 경우에 따라 중급 과정만 마쳐도 바나바로 투입되는 경우가 있다).

만남의교회에 등록한 새가족은 바나바로부터 5주 간의 섬김을 받게 된다. 단, 이사나 기타 사유로 인해 다른 교회에서 옮겨 온 교인은 3주 간의 섬김을 받는다. 새가족은 이렇게 바나바의 섬김과 교회의 안내를 받으며 소그룹 사역의 기본 과정을 밟게 된다. 그리고 바나바는 자신에게 배정된 한 명의 새가족이 교회에 잘 정착할 수 있도록 거의 6개월에 걸쳐 섬긴다. 이 때 모든 만남은 직접 만남을 원칙으로 하고, 교회에서 자체 제작한 교재를 가지고 교제를 이어간다.

초기에는 새가족의 마음의 부담을 덜어주기 위해 교회가 아닌 제3의 장소에서 만난다. 그런 다음 새가족의 집에 심방도

가고 바나바의 가정에 초대하기도 한다. 그렇게 자연스럽게 교제를 이어가는데 이 때 바나바가 반드시 지켜야 할 원칙 하나는, 새가족으로부터 대접을 받아서는 안 된다는 것이다. 바나바가 극진하게 섬기다 보니 일부 새가족들 중에는 너무 미안하니 자신이 한 번쯤 대접하고 싶다고 말하는 경우도 있다. 하지만 이럴 때도 바나바의 원칙이 흔들려서는 안 된다.

바나바의 주 업무이자 핵심 사역은 당연히, 새가족이 교회에 제대로 정착할 수 있도록 섬김과 양육, 보살핌을 제공하는 일이다. 그러기에 바나바는 새가족을 만날 때 절대로 빈손으로 나가지 않아야 한다. 집에서 만든 반찬이나 화장지, 책 등 뭐라도 가지고 만나야 한다. 별것 아닌 작은 선물에 새가족은 자신을 향한 관심과 사랑을 느끼기 때문이다.

그런데 이런 만남은 바나바에게 무조건 알아서 진행하라고 하면 제대로 이루어지지 않기두 한다. 그래서 나는 교회 안의 바나바들이 자신들의 만남에 대해 보고할 수 있는 별도의 보고서함을 만들어 놓았다. 이 보고서함에는 새가족에 대한 신상 메모도 꽂혀 있어서 담임목사인 내게도 새가족을 파악하고 알아가는 데 있어 도움이 된다. 한편, 바나바들은 교회에 모여 지속적으로 교육을 받는데, 이는 새가족에 대한 열정이 식지 않게 하기 위함이다. 이 교육은 주로 금요일 오전에 두 시간 정도 이루어지는데, 부부팀과 직장팀은 매주 모이지 않고 사전에 공지하여 주일 오후에 만난다.

현재 만남의교회에는 바나바사역학교를 수료한 서른 한 명의 바나바들이 있는데, 이들이 모든 새가족의 정착을 커버하고 있다. 최근 들어서는 전 교인들이 바나바와 같은 마음으로 새가족들을 대할 수 있도록 말씀을 통해 주지하며 교육하고 있다. 이는 교회 안에 들어오는 새가족의 75-90퍼센트가 지인의 소개로 들어오고, 반대로 교회를 떠나는 사람들의 47퍼센트가 다른 교인들과의 관계 때문이라는 조사 결과 때문이다. 이처럼 바나바뿐만 아니라 모든 교인이 바나바와 같은 마음과 생각을 갖는 것은 생각보다 훨씬 중요하다.

그 외에 바나바 사역팀에서는 새가족들에게 매주 월요일마다 편지를 보내는데, 이 역시 5주 동안 계속된다.

♥ 첫 번째 보내는 편지 ♥

사랑하는 ○○○님께

주님의 평안이 늘 함께 하시기를 기도합니다.
무엇보다도 우리 교회의 새가족으로 맞이하게 됨을 진심으로 기뻐하며,
주님의 사랑 안에서 아름다운 만남이 될 것을 확신합니다.
누구나 그렇듯이 처음에는 어색하고 낯선 점이 많으실 줄 압니다.
신앙생활에 불편한 점이 없도록
새가족을 담당하는 부서를 통해 끊임없이 노력하겠습니다.
궁금하시거나 필요한 점이 있으시면 언제든지 연락 주시기 바랍니다.

○○○님의 연락을 항상 기다리고 있는 새가족담당 바나바 사역자는
다음과 같습니다.

바나바사역자	연락처(핸드폰, 전화)	주 소
○○○ 집사	○○○-○○○○-○○○○	

다시 한 번 만남의교회의 가족이 되어 주신 ○○○님께 감사드리며,
하나님의 나라를 위한 동역자로서
교회의 소중한 지체가 되어 주실 것을 믿습니다.

끝으로 담임목사의 편지가 5주동안 발송되오니 꼭 읽어보시고
신앙생활에 큰 도움이 되시기 바랍니다.

그럼 안녕히 계십시오.

감사합니다.

2013 년 02 월 26 일

만남의교회 새가족환영팀 올림

♥ 두 번째 보내는 편지 ♥

사랑하는 ○○○, ○○○님께

만남의교회 가족이 되신 것을 진심으로 축하드립니다.

사람들은 누구나 어떻게 살다 죽으면 어떻게 되는 것과 하는 생각을 품고 살아가고 있습니다. 하지만 교회에 첫발을 내디딘 성도님의 영혼은 이런 문제를 해결할 수 있는 행운을 만나게 된 것이나 다름이 없습니다.

신계호 신앙 생활을 통해 새로운 삶을 경험하게 된 사람 중의 한 분이 형록관 박사입니다. 형박사는 교회 다니기 전까지는 제도 무뚝뚝하고 험악한 인상에 아내에게 다정한 말 한 마디 할 줄 모르는 석막한 사람이었다고 합니다. 그런데 예수님을 영접한 후부터 아내에게 늘 감사하다고 말하며 90도 각도로 인사하는 사람이 되었습니다. 그리고 없이 키에 걸리도록 혁혁 웃는 모습을 자신의 트레이드 마크로 삼습니다.

단칸 셋방에 다섯 명의 식구가 옹기종기 모여 살며, 야간 청경생이던 그가 연세대 의대 교수로 재직하게 된 것도 오직 하나님의 은혜라고 고백합니다.

성도님도 하나님과 동행하게 되면 이렇게 귀한 도구로 쓰임 받을 수 있으며 풍성한 삶을 누릴 수 있습니다.

성경은 "나의 하나님이 그리스도 예수 안에서 영광 가운데 그 풍성한 대로 너희 쓸 것을 채우시리라.(빌 4:19)"고 기록하고 있습니다. 여기서 모든 쓸 것을 채우시겠다는 말씀은 물질적인 것뿐만 아니라 영혼의 갈증, 단조로운 삶에 대한 회의 등 모든 부족한 것을 풍성하게 채우시겠다는 말씀입니다.

앞으로 교회 생활을 ...
해 주십시오. 가정이 ...
해 목회자로서 언답는 ...
하나님의 자녀가 되 ...
기를 기대하겠습니다.

♥ 세 번째 보내는 편지 ♥

사랑하는 ○○○, ○○○님께

어느덧 한 주가 지났습니다.
저희 저희 만남의교회에서는 참 평안과 사랑의 교제를 위해서 다른 교회와는 그 목표를 차별화되게 했습니다. "건강한 소그룹으로 건강한 교회를 만든다"는 목표아래 아래와 같은 사역 방향을 제시하고 있습니다.

1. 새가족을 돌보며 정착시키는 교회 - '바나바 사역'
2. 평신도를 지도자로 세우는 교회 - '제자훈련 사역'
3. 소그룹 중심으로 섬숙배가 가는 교회 - '보고 배우는 사역'
4. 성찬 예안을 통해 삶의 변화를 주는 교회 - '성 찬 사 역'
5. 이웃을 도우며 선교해 가는 교회 - '섬 김 의 사 역'
6. 영혼 구원 위해 기도가 불붙는 교회 - '기 도 사 역'
7. 영혼 구원 위해 전도가 불붙는 교회 - '전 도 사 역'
8. 가정 교회로 세워져 가는 교회 - '가 정 사 역'

이런 목표를 바탕으로 저희 만남의교회에서는 바나바사역, 소그룹사역, 제자훈련, 사역훈련, 평신도 지도자훈련, 가정교회 등의 다양한 프로그램을 실시하여 성도님의 신앙 생활에 도움이 되도록 하고 있습니다.

무엇보다 새롭게 신앙 생활을 시작한 성도님에게는 제일 필요한 습관은 규칙적으로 예배에 참여하는 것입니다. 아이가 처음에 학교 가서 적응하며 점점 재미를 붙여가는 것처럼 성도님도 꾸준히 예배에 참석하다 보면 어느새 성숙한 신앙인으로 변화되는 것을 체험하게 될 것입니다.

"시작이 반"이라는 말이 있습니다. 성도님은 이미 신앙생활에 반은 접어든 것입니다. 조금만 더 욕심내서 매주 예배에 참석하는 습관을 들여보십시오. "믿음은 들음에서 나며 들음은 그리스도의 말씀으로 말미암았느니라.(롬 10:17)"는 말씀처럼 자주 예배에 참석하여 찬양을 드리고 말씀을 들으노라면 평안과 회복, 그리고 치유가 성도님의 삶에서 기적처럼 일어날 것입니다.

아무쪼록 건강하시고 다음 주에도 성도님의 얼굴을 뵐 수 있기를 진심으로 바랍니다.
주님의 ○○○ 성도님을 사랑합니다.

2013년 02월 26일

만남의교회 담임목사 강 정 원 올림

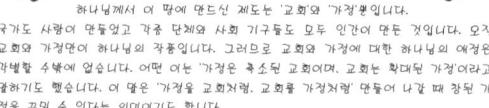

♥ 네 번째 보내는 편지 ♥

사랑하는 ___님께

하나님께서 이 땅에 만드신 제도는 '교회'와 '가정'뿐입니다. 국가도 사람이 만들었고 각종 단체와 사회 기구들도 모두 인간이 만든 것입니다. 오직 교회와 가정만이 하나님의 작품입니다. 그러므로 교회와 가정에 대한 하나님의 애정은 각별할 수밖에 없습니다. 어떤 이는 '가정은 축소된 교회'이며, 교회는 '확대된 가정'이라고 말하기도 했습니다. 이 말을 '가정을 교회처럼, 교회를 가정처럼' 만들어 나갈 때 창된 가정을 꾸밀 수 있다는 의미이기도 합니다.

성경에는 "여호와께서 집을 세우지 아니하시면 세우는 자의 수고가 헛되며 여호와께서 성을 지키지 아니하시면 파수꾼의 경성함이 허사로다(시127:1)"라고 기록되어 있습니다. 하나님을 주인으로 모신 가정이어야만 어떤 시련과 고난이 닥쳐와도 흔들리지 않는 탄탄한 가정으로 설 수 있다는 말입니다. 요즘 들어 깨어지는 가정이 늘어나는 것도 하나님을 주인으로 모시지 않고 돈이나 얄팍한 감정을 주인으로 삼은 탓입니다. 이런 가정의 이야기를 들을 때마다 저는 너무나도 안타깝습니다. 그런데 이와는 반대로 날이 갈수록 애정이 돈독해지는 가정이 있어 소개해 보고자 합니다.

직장에 다니는 박집사님은 특별한 일이 없으면 퇴근 후 곧바로 집으로 향합니다. 저녁식사 후 가족들은 한 자리에 모여 가정 예배를 드립니다. 딸이 선택한 찬송을 온 가족이 부른 후 엄마가 아침에 묵상했던 말씀을 들려 줍니다. 아빠와 아이들은 돌아가며 느낀 것을 이야기합니다. 간식과 함께 그 날 ...

우리 모두 박집사님 ...
일은 없을 거라는 ...
성도님 가정의 행복 ...
가정 생활에 관하 ...

♥ 다섯 번째 보내는 편지 ♥

사랑하는 ___성도님께

만남의교회는 성도님들의 신앙성숙을 위해 다음과 같이 예배를 구성하고 있습니다.
주일 예배는 1부 8시, 2부 11시로 구성되어 있으며, 주일저녁은 산양예배로 소그룹이나 각부 모임별로 돌아가며 독송을 하며, 예배 후에는 환자나 기도가 필요한 사람을 위해 안수 기도회를 합니다. 수요일 저녁은 수요기도회로 모입니다.
매월 한 번째 성찬 예배를 드리며 매주 새가족을 위한 소그룹사역, 사람 세우는 제자훈련, 사역훈련, 남자소그룹, 청년 소그룹 등이 매주 시간을 정해서 모이고 있습니다.

하나님의 전인 교회를 사랑하고 모이기를 힘쓰는 자에게 하나님의 복이 내려지는 동시에 성장의 기회가 주어집니다.
교회에서 주관하는 모임에 적극적으로 참석하다 보면 자신도 모르는 사이에 어느새 신앙이 자라는 것을 느끼게 됩니다.
한 성도님은 이런 이야기를 합니다. "목사님 저는 10년 동안이나 신앙 생활을 했는데 영 신앙이 자라지 않는 것 같아요. 왜 그러죠?" 저는 그분에게 물었습니다. "소그룹 모임과 수요기도회, 주일밤예배는 참석하고 계시는지요?" 그랬더니 그 분은 "아니요. 바빠서 그럴 시간이 없어요. 주일에도 일이 많아 한 두 번 나갈까 말까 해요."

그 분의 신앙이 왜 자라지 못했는지 더 이상 설명하지 않아도 아시겠지요? 구원은 하나님의 선물이지만, 개인의 신앙 성장은 전적으로 자기 자신에게 달려있습니다. 학교에 갈 나이가 되었는데도 기저귀를 차고 젖병을 물고 있는 아이가 있다면 얼마나 우스꽝스럽까요?
우리 신앙연들도 마찬가지입니다. 신앙연수에 맞게 자라려면 주일예배에 참석하는 것은 필수입니다. 또 자신의 은사에 맞는 직분을 맡아 봉사해 보십시오.

성도님의 신앙성장을 위해서라면 무엇이든 적극적으로 지원해드리겠습니다.
성도님도 교회에서 주관하는 예배와 각종 모임에 빠짐없이 참석하는 열의를 보여주십시오.
거기에 대한 보답은 하나님이 내려주실 것입니다.
저희 만남의 가족이 된 것을 진심으로 축하드리며 성도님의 가정에 하나님의 축복이 넘쳐나길 간절히 기도 드립니다.
주님의 이름으로 성도님을 사랑합니다.

2012년 05월 2일

만남의교회 담임목사 강 정 원 올림

정착에도 매뉴얼이 있다

한국 교회는 20년 전만 해도 정착보다는 전도에 모든 초점을 맞추며 집중하는 분위기였다. 그러나 이제는 앞문으로 들어오는 새가족의 수만큼이나 뒷문으로 나가는 새가족의 수를 줄이는 것이 중요함을 모르는 교회가 없다. 왜냐하면 새가족을 얼마만큼 정착시키느냐가 교회의 성장 여부를 결정하기 때문이다.

그러나 문제는 새가족 정착이 그렇게 쉽지 않다는 것에 있다. 새가족 중 초신자의 경우 대부분, 인도한 사람의 간절한 기도와 오랜 노력의 결실로 교회에 첫발을 내딛는다. 그러나 쏟아부은 노력이 무색하게, 교회에 정착하여 신앙생활을 이어 가는 경우가 그리 많지 않은 것이 한국 교회의 현실이다. 이는 이사나 관계의 문제로 수평 이동해 온 기신자들도 마찬가지다.

이처럼 새가족의 정착이 쉽지 않은 이유는, 많은 교회가 새가족 정착의 중요성에 대해 공감하면서도 새가족의 입장을 이해하고 섬기는 부분에서는 취약하기 때문이다. 새가족이 새로운 교회에 발을 붙인다는 것은, 마치 방금 결혼한 새 며느리가 시댁에 들어가는 것처럼 긴장되고 불편한 자리일 수 있다. 그런데 이런 새가족들에게 기존 신자들의 기준과 습관을 그저 따라

오라는 식으로 대하는 것은, 어렵게 발을 들였던 새가족들이 교회에 적응하지 못하고 떠나게 만드는 주요인이 된다.

매년 교회에서 실시하는 전도집회와 성도들의 끊임없는 노력을 통해 교회에 들어온 새가족들이 뒷문으로 빠져나가지 않고 잘 정착해준다면 교회 성장은 저절로 따라오게 되어 있다. 그만큼 새가족의 정착은 교회 성장에 필수불가결한 요소라는 말이다. 개척 이후부터 지금까지 우리 교회는 이러한 새가족 정착의 중요성에 대해 그 누구보다 깊이 공감하고 있다. 그래서 우리는 교회에 온 모든 새가족들이 편안하게 정착하여 신앙생활을 이어갈 수 있도록 돕는 데 주력하고 있다.

기존의 새가족 정착 프로그램은 대형교회의 사례들로 이미 많이 알려져 있다. 진정한 정착의 비결은 무엇보다도 건강한 교회 공동체의 모습이 아닐까 한다. 성도들 모두가 교회를 사랑하고 내 집처럼 아끼고 섬기는 모습에서 새가족들의 마음도 열리고, 서서히 이 교회가 내 교회라는 마음을 갖게 될 것이다.

그렇다면 새가족이 어떻게 처음 간 교회를 내 교회와 같이 마음을 붙이고 정착하게 되는지에 대해 구체적으로 살펴보자.

바나바의 정성어린 섬김

새가족이 교회에 와서 처음 등록서를 쓰면, 광고 시간에 새가족을 소개한 후 박수로 환영한다. 이때 등록서를 쓰도록 강요하거나 재촉하지는 않는다. 등록이라는 절차 앞에서 오히려 더 신중하게 결정하고 싶어지기 때문이다. 수차례 그냥 예배만 드리고 돌아가는 경우라도 항상 따뜻하게 인사하며 등록하겠다는 마음이 생길 때까지 인내하며 기다리는 것이 중요하다.

그렇게 새가족이 등록하고 나면, 예배 직후 인도자가 새가족과 함께 VIP실로 가서 점심식사를 한다. VIP실은 마치 잘 꾸며진 거실과 같아서, 처음 교회 와서 어색할 수 있는 새가족들이 편안한 마음을 갖도록 해준다. 그리고 VIP실의 새가족 안내팀은 자신의 집에 방문한 손님에게 정성껏 귀한 것을 대접하듯, 식사부터 후식까지 세밀하게 챙겨 준다.

그리고 담임목사와의 면담 시간은 따로 만들지 않고, 편안한 분위기에서 인도자와 함께 식사하며 자연스러운 대화로 이어지게 하는 데 중점을 둔다. 이때 교회 직분자 몇 명도 함께 참여해 만남의교회를 대표해 새가족을 축복하고 환영한다.

그렇게 식사를 마치고 돌아간 새가족은 3일 이내에 담임목사의 환영 인사를 문자 메시지로 받게 된다. 그리고 일주일 안에 담당 바나바가 정해져 바나바의 집중 섬김이 시작된다. 이때 바나바의 역할은 매우 중요하다. 이미 친분 관계인 인도자 외에, 자신을 챙겨주고 보살펴주는 누군가가 교회 안에 있다면 그 새가족이 교회에 정착하는 데 훨씬 큰 도움이 되기 때문이다.

만남의교회 바나바들은 바나바 사역에 대해 배운 이론을 실천하는 것에 그치지 않고, 자기 가족이나 친구를 대하듯 진심을 다해 새가족을 섬기고자 애쓴다. 그렇기 때문에 새가족은 교회에 잘 정착한 뒤에도 자신의 바나바에 대한 감사와 감동을 오래 기억하는 것 같다.

가정교회에서의 따뜻한 교제

일반 교회에 구역이나 셀이 있다면 만남의교회에는 가정교회가 있다. 만남의교회의 모든 성도들은 매주 금요일 저녁이면 각 가정에서 모여 주일 예배 때 받은 말씀의 은혜를 나누고 교제한다. 이러한 가정교회는 새가족들에게 따뜻한 소그룹 공동체의 참 맛을 느끼게 해준다. 물론 처음부터 바로 가정교회에 편입시키지는 않는다. 우선 주중에 따로 시간을 내야 하기도 하고, 그 모임 자체가 새가족에게는 자칫 부담스러울 수 있기 때문이다. 처음에는 가정교회에 대해 간단히 소개만 해주고, 바나바와의 몇 차례 만남으로 새가족의 마음이 어느 정도 열릴 때를 기다린다. 그리고 적당한 때에 그 새가족에게 맞는 가정교회를 선정하여 배정하는 것이다.

이렇게 배정된다 하더라도 가정교회에 자발적으로 참석하

는 데까지는 시간이 걸릴 수 있다. 가정교회의 지도자인 가장과 총무는 새가족에게 관심을 갖고 모임에 함께할 것을 권하며 기다려준다. 그리고 새가족이 가정교회에 처음 참석하는 날이면, 가정교회 식구들은 직접 새가족 환영파티를 준비한다. 들어오는 입구부터 풍선 장식으로 꾸미고 간단한 게임과 선물을 준비하여, 모임에 처음 오는 새가족이 환대 받음을 충분히 느낄 수 있게 한다. 새가족들은 가정교회에 참석하면서 또 하나의 가족을 만난 듯 편안하게 소그룹의 기쁨을 느낄 수 있다.

바나바의 섬김은 일정 기간이 지나면 끝나기 때문에 어느 정도 일시적일 수 있으므로, 매주 모이는 가정교회가 새가족이 교회의 구성원으로 정착하는 데 결정적인 역할을 한다고 볼 수 있다.

기본적인 신앙 교육

새가족이 교회를 다니기 시작하면 소그룹 사역의 기본 과정인 양육반과 영성반, 교회론반을 통해 신앙의 기초를 다질 수 있다. 양육반에서는 구원의 확신을 얻는 데 집중하고, 영성반에서는 기도와 예배 등 실질적인 신앙생활에 대해 배울 수 있다. 그리고 교회론반에서는 교회의 본질에 대해 생각하고 깨닫게 한다.

교회 출석이 처음인 초신자의 경우 양육반을 우선으로 권하고 있다. 양육반은 특히 하나님의 창조 원리, 예수 그리스도의 십자가와 부활에 관하여 배우는 곳이기에, 초신자가 기독교에 대해 좀 더 분명하게 알고 믿음으로 신앙생활 할 수 있도록 도와준다. 그리고 양육반은 만남의교회에서 세례를 받으려면 필수로 거쳐야 하는 과정이기도 하다.

각 과정은 5-6주 정도의 그리 길지 않은 기간으로 짜여 있다. 그리고 각 과정마다 함께하는 구성원과 어느 정도 관계가 형성되기 때문에 교회에 마음을 열고 소속감을 갖는 데 큰 도움이 된다. 이렇게 기본 교육 과정을 거치다 보면, 신앙의 기본기가 탄탄하게 다져져 단순한 정착을 넘어 교회의 일꾼으로 쓰임 받고자 하는 새가족들도 생겨난다.

새가족 환영 잔치와 찬양 페스티벌

매주 새가족을 환영하는 시간이 있지만, 1년에 두 차례 '새가족 환영 잔치'를 열어 상반기와 하반기에 등록한 새가족들을 다시 한 번 환영하는 시간을 갖는다. 이 시간을 통해 새가족은 교회 공동체 안에서 자신이 얼마나 환영받고 사랑받는 존재인지 깨닫게 되고, 교회에 대한 소속감을 더 깊이 새기게 된다. 또한 매달 마지막 주일 오후에 열리는 '찬양 페스티벌'을 통해 새가족이 교회 안에서 성도들과 함께 찬양하고 교제함으로 즐거운 시간을 갖게 한다.

한편, 새가족을 향한 관심이 새가족팀과 바나바에게만 그친다면 위에 언급한 것들을 아무리 잘 실현시킨다 해도, 새가족의 정착률이 그리 높지 않을 것이다. 새가족은 자신이 항상 주목받고 있고 관심의 대상이라는 사실에 마음을 더 열게 되고, 나아가 스스로 교회를 사랑하는 주체로 세워시게 되는 것이다. 그래서 만남의교회는 모든 성도들이 새가족을 환영하고 섬기며 사랑을 표현할 수 있도록 평소에 권면하고 훈련하는 편이다.

새가족 중심의 섬김과 예배

설렘과 두려움으로 교회를 찾은 새가족들을 위해 교회는 늘 준비되어 있어야 한다. 우선 새가족이 최대한 편하게 예배드릴 수 있는 분위기를 만들어야 한다. 그리고 누구든 새가족과 눈이 마주치면 먼저 반갑게 웃으며 인사할 수 있는, 새가족 중심의 마음이 모든 성도들에게 갖추어져 있어야 한다.

만남의교회에는 특별히 가족 단위로 등록하는 새가족이 많다. 그래서 바나바를 선정해 줄 때도 그 가족과 조합이 맞을 만한 가정을 연결해 주어, 보다 깊은 공감대를 형성함으로 좀 더 쉽게 마음이 열리고 정착할 수 있도록 돕는다.

또한 새가족이 예배를 드릴 때에 부담을 갖지 않도록 최대한 배려하며, 인도자가 없는 경우는 새가족이 익숙하지 않은 예배 순서에 어려움을 갖지 않도록 새가족 팀원이 옆에 앉아 돕는다. 이는 새가족이 어색한 공동체 안에서 소외감을 느끼지 않도록, 그리고 예배에 대한 거부감이 들지 않도록 하기 위함이다.

만남의교회에서는 예배 후에 새가족과 간단히 기념 촬영을 하는데, 이때 경직된 분위기를 최대한 덜기 위해 사진관에서나 볼 수 있는 배경 슬라이드를 준비해 두기도 했다. 세 가지 배경 중 새가족의 마음에 드는 배경을 골라 촬영을 할 수 있게 해, 전문 사진관에서 사진을 찍는 듯한 즐거움을 안겨 주고자 한 것이다. 최근에는 기존의 촬영 담당자 외에 사진 촬영을 취미 삼아 활동하는 아마추어급 사진사가 함께 촬영을 돕고 있다. 그리고 이 사진은 잘 현상해 심방 갈 때 선물로 새가족 가정에 전달하는데, 이 작지만 의미 있는 선물이 새가족에게 교회에 대한 좋은 인상을 갖게 하는 데 또 하나의 역할을 한다.

바나바 사역 보고서

사역자이름 :	새가족이름 :
기 록 일 : 2013년 6월 14일	
새가족 연락처 : 집 /	핸드폰 /
만남의시간 : 2013년 6월 9일 / 시	
만남의장소 : 교회 (그릿시넷가)	

1. 만남의 진행 (해당 주에 ○표하세요)

등록일 3/24	1주 ②주 3주 4주 5주	소그룹	가정교회편성 (나들목2)가정교회	가장명

2. 편지 발송 (해당 주에 ○표하세요)
   ①주   ②주   ③주   ④주   ⑤주

3. 만남의 반응 (구체적으로 요약하여 기록하십시오)

- 시댁에 일이 생겨서 2주동안 교회출석 못하심
- 남편직장 때문에 평일 만남 어려움 (맞벌이부부)
- 별다른 일이 없으면 주일예배는 빠지지 않겠다 하십니다

4. 교회에 대한 요청

- 기보/(2그룹 (6) 양육반 신청 - 세례 안받으심
- 부부오딕 주일오후 소그룹 받기원하심.

5. 소개한 교우
   1)   2)   3)

6. 1주일 동안의 예배 출석 및 점검 (○표로 표기해 주세요)
   • 주일 낮 예배 (1부/②부) • 매월 마지막 주일오후 찬양페스티발 (유/무)
   • 수요찬양과 예배(유/무) • 새벽 기도회 (유/무)

- 만남의교회 바나바사역팀 -

바나바 사역 보고서

사역자이름 : ███	새가족이름 : ███
기 록 일 : 2013 년 3 월 12 일	
새가족 연락처 : 집 / ███	핸드폰 / ███
만 남 의 시 간 : 2013 년 3 월 10 일 12 시 50	
만 남 의 장 소 : 교회 (새가족실)	

1. 만남의 진행 (해당 주에 ○표하세요)

등록일 2/17	1주 ②주 3주 4주 5주	소그룹	가정교회편성 (나들목 2)가정교회	가장명 ███

2. 편지 발송 (해당 주에 ○표하세요)

   1주   2주   ③주   4주   5주

3. 만남의 반응 (구체적으로 요약하여 기록하십시오)

   - 긍정적이며 교회 소그룹 양육반에서 훈련가능하다고 함
   - 가정교회에 관심이 없음 ⇒ 나들목2 가정교회 소개해줌

4. 교회에 대한 요청

   - 남편 영혼구원(교회출석) 기도요청함.

5. 소개한 교우
   1) ███   2) ███   3) ███

6. 1주일 동안의 예배 출석 및 점검 (○표로 표기해 주세요)
   • 주일 낮 예배 (1부/②부) • 매월 마지막 주일오후 찬양페스티발 (유/무)
   • 수요찬양과 예배 (유/무) • 새벽 기도회 (유/무)

   - 만남의교회 바나바사역팀 -

간증 1

나의 빛 되신 하나님

　광주에 와서 마음에 드는 교회를 찾지 못해 많이 힘들었습니다. 제 자신이 항상 손님 같아 소속감도 없었고, 그러다 보니 매주 가는 예배도 차츰 어려워지더군요. 그러던 제게 만남의교회는 삶의 기쁨을 되찾아 주었고, 좋은 목사님과 멋쟁이 사모님을 비롯해 가정교회 분들을 통해 진짜 가족 같은 사랑과 신뢰를 맛보게 해주었습니다.

　저는 무엇보다 말씀을 새롭게 배우고 싶은 마음이 컸었습니다. 이전에 말씀이 꿀보다도 더 달았던 때가 있는데, 그때의 기쁨과 감격을 다시 누리고 싶었습니다. 그리고 찬양을 통해 뜨겁게 만났던 하나님을 다시 한 번 경험하고 싶었습니다. 그러던 제게 양육반은 하나님의 말씀과 사랑, 예수님에 대해 분명하게 가르쳐 주었습니다. 교회를 오래 다녔기 때문에 어느 정도 어렴풋이 알고는 있었지만, 좀 더 분명하고 정확히 알게 된 것 같습니다. 그 과정에서 저는 하나님 앞에 너무 부끄럽고 죄송했습니다. 저는 하나님처럼 누군가를 위해 제 딸을 희생시키지는 못할 겁니다. 그런데도 주님은 이런 저를 사랑하신다니 그동안 주님께 잘못했던 저의 부끄러운 모습이 한없이 크게 느껴집니다.

양육반을 통해 저는 어렴풋이 알던 것들을 다시 새롭게 배우고 느낄 수 있었습니다. 한 가지 바람이 있다면, 예전처럼 배움에만 머무르지 않고 더 성장하고 성숙해 다른 사람들에게도 나누는 삶을 사는 것입니다. 아무런 죄 없이 고통받으신 예수님의 죽으심으로 다시 산 저는 영생을 믿습니다. 주님이 제게 주신 가장 큰 선물을 감격으로 받아, 주님이 진정 원하시는 바에 순종하며 감사와 기쁨의 삶을 살 것을 다짐합니다.

간증 2

제 삶은 이제 당신의 것이니

초등학교 시절 잠깐 교회를 다녔었습니다. 예수님이 어떤 분인지, 구원이 무엇인지 제대로 알지 못한 채 그저 친구들과 어울려 교회에 나갔었습니다. 그렇게 중고등부 시절에도 잠깐씩 교회에 다녔고, 대학부 시절부터 결혼 전까지도 저의 신앙생활은 계속되었습니다. 하지만 교회를 다니는 사람이라고 말하기에는 예수님에 대한 믿음과 사랑, 그리고 성경에 대한 지식이 한없이 부족한 저였습니다. 세상적인 이유로 많이 방황하면서도 저는 여전히 구원의 확신 없이 습관처럼 신앙생활을 이어갔습니다.

하나님을 외면하고 살아온 지 어느새 7년이 되었지만, 하나님은 변함없이 저를 기다려 주셨습니다. 제대로 믿지 않는 삶 가운데서도 항상 당신의 존재를 일깨워 주셨고, 힘든 일이 생길 때면 제가 하나님을 찾을 수 있도록 언제나 제 마음속에 계셨습니다.

"진실로 진실로 너희에게 이르노니 내 말을 듣고 또 나를 보내신 이를 믿는 자는 영생을 얻겠고 심판에 이르지 아니하나니 사망에서 생명으로 옮겼느니라"(요 5:24)는 말씀처럼, 하나님은 만남의교회 '새생명축제'를 통해 교회에 정착할 수 있게 하셨습니다. 그리고 바나바와 양육반 소그룹의 도움으로 구원의 확신을 갖게 하셨고 예수님의 사랑과 영생을 믿음으로 다시 살게 하셨습니다.

전에는 별 감흥 없이 습관처럼 예배를 드렸었지만, 지금은 구원의 확신을 가지고 감사하는 마음으로 매 주일 예배를 드리고 있습니다. 여전히 제게는 세상적인 모습이 남아 있지만, 이제는 예수님을 향한 믿음과 구원의 확신을 분명히 회복했으니 주 안에서 주님이 주인 된 삶을 살기 원합니다.

3장
끝까지 가려면 '함께' 가라

만남의교회 **가정교회 이야기**

우리는 성경 속 초대교회의 모습을 통해 진정한 코이노니아 공동체를 배워야 한다. 몇몇 가정들이 모여 예배, 봉사, 전도, 선교, 구제 등 하나의 작은 교회로서의 역할을 하는 것이 소그룹이기 때문이다. 이런 측면에서 건강한 교회는 소그룹이 '있는' 교회가 아니라 소그룹 '중심의' 교회라고 할 수 있다.

소그룹이 교회를 살린다

내가 소그룹에 눈뜨게 된 때는 부목사 시절이었다. 나는 부목사로 만 8년 동안 사역했는데, 그 당시 내가 심방을 해야 하는 가정은 한 주에 약 10-13가정이었다. 나는 전 주 예배에 빠진 결석자 위주로 가정 심방을 했다. 그런데 이것이 보통 피곤한 일이 아니었다. 심방을 가보면 반갑게 맞아주는 성도도 있지만 아예 문조차 열어 주지 않는 가정도 많았다. 나로서는 이것이 이만저만한 스트레스가 아니었다.

그래서 부목사들의 의견을 모아 담임목사님에게 한 가지 건의를 했다. 일일이 찾아다니는 것보다는 지역 단위로 묶어 특정 장소에서 모이게 하는 것이 어떻겠냐는 제안이었다. 그렇게 되면 담당 부목사가 그 모임에서 심방과 양육을 동시에 할 수 있어서 훨씬 효과적일 것이라는 의견도 덧붙였다. 담임목사님도 괜찮은 아이디어라고 생각하셨는지 흔쾌히 허락해 주셨다. 그렇게 실제로 시행을 해보니 돌봄과 섬김이 모임에서 함께 이루어져 생각보다 훨씬 효과가 있었다.

이것이 내가 소그룹에 눈을 뜨게 된 계기이다. 하나님이 아마도 이 미련한 종이 안타까워서 넌지시 힌트를 주신 건지도 모르겠다. 이후 나는 국제제자훈련원의 〈제자훈련지도자세미나〉와 〈소그룹사역컨설팅〉, 한국소그룹목회연구원 세미나 등에 참석하면서, 그간 내가 생각하던 것이 소그룹 사역임을 확인할 수 있었다. 그리고 소그룹이 나의 목회에 하나의 돌파구가 될 수 있을 거라는 확신을 갖게 되었다. 새가족은 소그룹을 통해 먼저 정착을 시킨 다음 양육해야 한다. 그렇지 않으면 양육 자체가 제대로 이루어지지 않는다. 이후 나는 소그룹에 관한 책들을 집중적으로 읽으며 소그룹에 대해 꾸준히 공부했다(내가 나중에 가정교회에 관한 논문을 쓰게 된 것도 이러한 배경 때문이었다).

한편, 우리나라에는 소그룹이 있는 교회가 있고, 소그룹 중심의 교회가 있고, 소그룹 자체가 교회인 교회가 있다. 이 가운데 만남의교회는 소그룹 중심의 교회에 속한다. 처음에 교회를 개척하고 교회의 구조를 소그룹 중심으로 구성했더니 교회 안에 왕성한 활동들이 자연스럽게 일어났다. 만남의교회가 건강한 교회로 성장할 수 있었던 핵심이 바로 이것이다. 나는 지금도 교회 건강성의 핵심은 소그룹이라고 굳게 믿는다.

그러나 그렇다고 모든 것을 소그룹에 의존해서는 안 된다. 무엇보다 대그룹의 예배가 최우선이 되어 균형을 잡아주어야 한다. 이에 만남의교회는 전통적인 형식의 예배뿐만 아니라 성만찬 예배, 찬양 중심 예배, 주제 중심 예배, 세대 통합 예배 등 다양한 예배를 통해 변화를 추구하고 있다. 이는 예배에 신선함을 가미해 모든 성도들이 예배 중심의 삶에서 벗어나지 않게 하기 위한 교회의 노력이라고 할 수 있다.

이처럼 교회 성장에 있어 중요한 것은 '균형'이다. 대그룹을 도외시하고는 소그룹도 탄력을 받을 수 없다. 대그룹이라는 단단하고 탄탄한 기반 위에서 소그룹이 마음껏 비상할 수 있다. 하지만 한국 교회는 그동안 대그룹에 조금 치중해 있었던 것 같다. 대그룹에 비해 소그룹이 상대적으로 조명을 덜 받은 것도 사실이다. 하지만 앞으로는 교회의 구조가 소그룹 중심으로 이루어질 것이라고 확신한다. 특히 뿌리가 약한 개척교회나 소형교회에서는 소그룹의 중요성이 부각될 수밖에 없다.

두 개의 심장, 하이브리드 교회

만남의교회의 동력은 한마디로 '하이브리드'다. 요즘 모 회사의 자동차 광고처럼 '두 개의 심장'으로 뛰는 교회이기 때문이다. 하나의 심장은 소그룹이고 또 하나의 심장은 제자훈련이다(제자훈련에 대해서는 다음 장에서 다루겠다). 하이브리드 자동차가 유해 가스 배출을 줄이고 연비를 높이듯이, 만남의교회는 소그룹과 제자훈련이라는 두 개의 심장으로 떠나거나 고여 있는 성도 수를 줄이고 훈련되어 건강한 제자들을 이 땅에 세우고자 한다.

나는 웨스트민스터신학대학원대학교 선교학과에서 소그룹 목회학을 전공하고 "가정교회 소그룹과 교회의 건강성: 만남의 교회 가정교회 사역을 중심으로"라는 논문으로 박사 학위를 취득했다. 이 논문에는 소그룹의 정의부터 그 성경적·신학적 근거, 소그룹의 유형과 가정교회와의 차이점 분석까지, 소그룹에 대한 다각적인 연구 결과가 고스란히 담겨 있다.

많은 기독교 석학들이 언급했듯 앞으로의 목회에는 목회자와 평신도의 팀워크가 교회 성장의 핵심이 될 전망이다. 과거처럼 목회자가 모든 것을 혼자 다 하는 시대는 지났다. 미래 목회는 전문성 있는 사역 목회가 될 것이다. 상담이면 상담, 교육이면 교육, 심방이면 심방 등 각 분야에 있어 어느 정도의 전문성이 요구되고 있기 때문이다. 따라서 목회자 혼자 이 모든 것을 다 감당할 수 없다는 위기 앞에 '열린 목회'라는 대안이 대두되고 있다. 훈련 받은 평신도 사역자와 얼마나 멋진 팀 사역을 이룰 수 있느냐가 미래 목회의 열쇠인 것이다.

여기서 한 가지 질문이 떠오른다. 평신도와 동역하기 위해서 평신도를 훈련하는 과정도 중요하지만, 동시에 평신도가 소신껏 활동할 수 있는 기반을 마련하는 것이 시급한 문제 아니겠는가? 이 기반은 교회가 구조적으로 뒷받침할 수 있는 하나의 시스템이어야 한다. 목회자가 평신도와 함께 팀 사역을 이룰 수 있는 교회 구조라면 분명히 건강한 교회로 성장할 수 있을 것이다.

그렇다면 앞으로의 교회는 어떤 구조로 나아가야 할 것인가? 내가 교회 개척 초기부터 초점을 맞췄던 부분 중 하나는 어떻게 하면 건강한 교회를 만들 수 있는가에 관한 것이었다. 그때 관련 세미나와 책들을 다양하게 접할 수 있었는데, 그 과정에서 나는 건강한 교회 이전에 어떤 유형의 교회를 만들 것인지에 대해 생각하기 시작했다. 더불어 공동체의 건강성을 회복할 수 있는 조직이 무엇일까 다각도로 고민한 끝에 비로소 가정교회를 접할 수 있었다.

여기서 먼저 소그룹이 무엇이고 가정교회가 무엇인지, 그 정확한 정의와 의미를 짚고 넘어가고자 한다.

소그룹

빌 헐(Bill Hull)의 말을 빌려 소그룹을 정의하면 다음과 같다.

소그룹이란?
3-14명으로 구성된 모임으로서 구성원들이 규칙적으로 만나 사람들을 초대하고 그들과 함께 직장과 가정에서 그리스도께 영광을 돌리며, 진지한 삶의 방식을 추구하며 성장하고자 하는 공동의 목적을 성취해 가는 모임이다.

가정교회

가정교회는 론 투르딩거(Ron Trudinger), 로버트 뱅크스(Robert Banks), 그리고 진 에드워드(Gene Edward)에 의해 옹호되고 주창되어 온 교회 형태를 말한다. 가정교회는 크게 '홈 처치'(Home Church)로서의 가정교회와 '하우스 처치'(House Church)로서의 가정교회로 나눌 수 있다. 만남의교회의 가정교회는 매주 모임이 성도의 가정에서 이루어지기 때문에 후자에 해당한다. 나는 그동안 겪은 시행착오를 토대로 가정교회의 개념을 다음과 같이 정리했다.

가정교회란?

훈련받은 평신도 지도자의 섬김 하에 성도의 집에서 6-12명이 매주 한 번씩 모여 교회의 본질적 기능인 예배, 기도, 나눔, 선교, 친교 등을 나누면서 서로 섬기는 작은 공동체를 말한다.

내가 가정교회를 이렇게 정의한 이유는 학문적 요구와 실제적 요청이 있었기 때문이다. 다른 가정교회의 경우, 기존의 교회에서 전환되었거나 여러 시도들을 거친 후에 만들어진 형태이지만, 만남의교회의 가정교회는 개척 초기부터 분명한 목적을 가지고 출발했다는 점에서 성격이 조금 다르다고 할 수 있다. 이렇게 소그룹과 가정교회에 대해 이야기하다 보면 언급하지 않을 수 없는 개념들이 있는데, 바로 '셀'과 '공동체', 그리고 '구역'이다. 각각의 차이점을 설명하기 위해 간단하게나마 개념을 정의하자면 다음과 같다.

셀(cell)이란?

교회 안에서 셀은 또 하나의 작은 교회이다. 셀은 전도를 통해 새로운 셀을 세우는 데 목표를 두고 있다. 한편, 셀은 독립적으로 기능하지 않고 다른 셀들과 연결되어 있다. 셀 모임은 환영, 찬양, 활동, 말씀 나눔의 순서로 진행된다.

공동체란?

공동체는 소그룹이라는 온전한 형태를 유지하기 위해 구성원 수를 15명 이내로 유지하는 것을 말한다. 공동체를 이루는 본질적인 요소들 중에는 서로에 대한 헌신과 소속감이 포함된다. 함께 나누는 삶 속에서 공동체는 생겨날 수 있으며, 이를 통해 모든 성도들 사이에 자발적인 헌신이 이루어지며 공동의 목표를 향해 매진할 수 있기 때문이다.

구역이란?

성도들이 교회 외의 생활 속에서도 구별된 자로서 살아갈 수 있도록 도움을 주는 데 초점이 맞춰져 있다. 뿐만 아니라 믿는 성도들이 하나로 묶여 친교하고 전도하며 봉사할 수 있는 장을 마련하기도 한다.

만남의교회의 가정교회는 단순히 소수의 성도들이 가정에서 모인다는 의미를 넘어, 각 성도들의 다양성을 존중하는 하나의 '작은 교회'를 뜻한다. 가정교회는 교회로부터 행정적으로나 재정적으로 완전히 독립되어 있지는 않지만, 가정교회의 리더인 가장이 거의 대부분의 권한을 가지고 구성원들을 섬기고 있는 것이 사실이다. 예를 들어, 각 가정교회마다 선교지와 선교사를 정하여 선교비 지원은 물론 긴급한 기도제목을 직접 주고받으며 중보하기도 한다. 교회는 가정교회가 자발적으로 모이고 움직일 수 있도록 어느 정도 지원을 하되, 크게 관여하지는 않는다. 무엇보다 가정교회 안에는 예배가 있고 나눔이 있으며 떡을 뗄 때는 교제가 있기에, 하나의 독립된 작은 교회로서 손색이 없다고 할 수 있다.

그래서 셀이나 공동체, 구역과는 그 개념이 조금 다른 것이다. 한편, 셀은 각 교회마다 '순', '목장', '다락방', '사랑방' 등 다양한 이름으로 불린다.

우리 모두가
꿈꾸는 공동체

오늘날 우리는 익명의 사회에 살고 있다. 이웃이 누구인지도 모르고 자주 만나는 친구라 해봐야 직장 동료가 전부인 경우가 많다. 아파트 벽 하나 사이로 나란히 누워 있기도 하고 잠을 자기도 하지만, 서로가 누구인지 알지 못하는 것이다. 그만큼 우리는 주변 사람들에게 무관심한 채 살아가고 있다.

그런데 이런 풍조가 언제부터인가 교회 안에 슬며시 스며든 것 같다. 교회에 예배를 드리러 왔다 갔다 하지만 대화나 교제 자체를 꺼리는 교인들도 많다. 이처럼 소그룹은 시대적 필요라는 면에서도 대단히 중요한 것이라 할 수 있다.

영적 성숙은 그리스도의 몸인 그의 교회 안에서 우리가 서로 관계를 맺어 갈 때 주어지는 것이다. 그렇다면 왜 많은 그리스도인들이 교회 안에서 영적인 자극을 받지 못하는가? 핵심적인 이유 한 가지는 오늘날 대부분의 교회들이 과거 수세기 동안 지녀왔던 본질적인 공동체(essential community)로서의 모습을 잃었기 때문이다.

소그룹의 특징은 대그룹보다 강의와 토론이 원활하며 소속감과 친밀감을 폭넓게 줄 수 있다는 점에 있다. 따라서 성도들의 신앙을 성숙시키고 삶을 변화시키는 목적으로 하는 성경 공부 모임 역시 소그룹 형태를 취하는 것이 효과적이다. 뿐만 아니라 소그룹은 치유의 목적으로도 유용하다. 서로 용납하고 사랑하며 나누는 친교를 통해 좀 더 현실적으로 자기 자신을 발견할 수 있기 때문이다.

또한 소그룹의 구성원들은 각각 성격이 다르고 욕구가 다를 뿐만 아니라 이해의 폭이나 깊이도 다르기 때문에 초반에는 어느 정도 긴장과 갈등이 있을 수 있다. 하지만 시간이 지나면 자연스레 그룹에 대한 애착과 신뢰를 갖게 되어 자신의 생각과 고민을 털어 놓을 수 있게 되는데, 이러한 모든 과정을 소그룹의 역동성(Dynamics)이라고 한다.

교회를 이루는 큰 축이 두 개 있는데, 하나는 전체 회중이 모여 예배를 드리는 모임이고 또 하나는 소그룹으로 모여 예배를 드리고 교제를 나누는 모임이다. 전체 회중이 모이는 예배에는 하나님의 임재와 뜨거운 찬양이 있지만, 구성원들 간의 영적인 교제가 어렵기 때문에 삶의 현장에서 필요로 하는 현실적인 조언이나 도움을 받을 수 없다. 반면 소그룹에서는 예배뿐만 아니라 전인적인 사역이 가능하고 각 개인의 필요를 채워줄 수 있다.

웨스트민스터신학대학원대학교에서 소그룹목회학을 가르치는 권문상 교수는 그의 책 『성경적 공동체』에서 소그룹의 중요성에 대해 다음과 같이 주장한다.

첫째로 인간은 소속감을 원하지 박탈감이나 소외감을 좋아하지 않는데, 소그룹은 강한 소속감을 갖게 한다는 것이다. 둘째로 믿음을 실천에 옮길 수 있도록 도움을 줄 수 있는 장이 바로 소그룹이라는 것이다. 셋째로 목사가 모든 사람을 만날 수 없는데 소그룹 리더들이 그 일을 대신 함으로써 목사의 짐을 덜어 줄 수 있는 장점이 있다는 것이다. 물론 소그룹을 지나치게 이상화해서는 안 되는데 사회학자 우쓰나우(Robert Wuthnow)는 이를 잘 지적했다. 그는 소그룹을 오랜 시간 동안 연구하고 분석한 결과 그 한계도 발견했다. 많은 소그룹들이 6개월 정도 지난 후에는 사회에서의 일반 모임과 같이 변질되더라는 것이다. 따라서 소그룹에만 지나치게 의존해 다른 훈련 요소들을 도외시해서는 안 되는 것이다.

나는 오랜 기간 소그룹을 연구하고 교회에 적용하며 많은 시행착오를 겪었기에 권문상 교수의 주장에 깊이 공감하고 있다. 소그룹 안에서 일어나는 치유와 회복의 역사를 보면서 소그룹의 중요성을 절실히 깨닫고 있지만, 그렇다고 소그룹이 만병통치약은 아니다. 우리는 성경 속 초대교회의 모습을 통해 진정한 코이노니아 공동체를 배워야 한다. 몇몇 가정들이 모여 예배, 봉사, 전도, 선교, 구제 등 하나의 작은 교회로서의 역할을 하는 것이 소그룹이다. 이런 측면에서 건강한 교회는 소그룹이 '있는' 교회가 아니라 소그룹 '중심의' 교회라고 할 수 있다.

교회성장연구소 소장을 역임했던 명성훈 박사는 소그룹의 중요성에 대해 다음과 같이 말하고 있다.

첫째, 소그룹은 성경에 나타난 하나님의 뜻이다. 하나님은 성부, 성자, 성령이라는 삼위로 존재하시지만 동일한 본질로 완벽한 하나를 이루고 계신다. 서로 다른 위격이지만 하나의 목적을 가지고 함께 동역하시는 하나님의 모습이 바로 소그룹의 원형이다.

둘째, 소그룹은 교회 성장의 원동력이 될 수 있다. 소그룹의 성장은 단지 선택이 아니라 그룹의 정체성이 되어야 한다. 만약 소그룹의 구성원들이 성장을 염두에 두지 않으면 그 그룹은 성장하지 않을 것이다. 성장은 성장하고자 하는 열망의 결과이기 때문이다.

셋째, 소그룹은 교회의 리더십을 극대화한다. 소그룹을 통해 교회 사역은 선택된 소수의 손에서 모든 평신도들의 손으로 옮겨질 수 있다. 생명력 있는 소그룹은 새로운 평신도 지도자를 잉태하고 출산한다. 소그룹에서는 미래의 지도자가 항상 훈련되고 있어야 한다.

넷째, 소그룹은 교회의 본질인 코이노니아를 가능케 한다.

신앙은 새로운 관계 속에서 들어오는 것인데 신약성경은 다른 성도들과의 관계를 설명하면서 '서로'라는 말을 50회 이상 사용하고 있다. 소그룹은 그리스도인들 간의 풍성한 관계를 돕는 하나님의 계획이다. 소그룹은 고독에 허덕이는 현대인들을 치유하는 공간이다.

다섯째, 소그룹은 성도 개개인의 영적 성장을 가능하게 한다. 명목상의 그리스도인이 생겨나는 원인 중 하나는 예배에만 참석하고 소그룹에 참여하기 않기 때문이다. 지금 교회에 치명적인 영향을 주고 있는 개인주의적 영성은 소그룹에서 극복될 수 있다. 소그룹에서는 상호 영향, 상호 섬김, 상호 치유를 통해 영적 성장을 이루게 한다.

여섯째, 현대사회는 개인 중심, 가족 중심, 새로운 것에 큰 비중을 두고 있다. 따라서 인간관계는 멀어지고 개인의 능력만을 인정받으려는 이기적인 모습으로 변해가고 있다. 이것은 앞으로도 더욱 심각하게 나타날 것이다. 교회는 이러한 현상을 바르게 인식하고 하나님이 교회에게 주신 시대적 사명으로 받아들여야 한다. 존 네이스비트(John Naisbitt)는 "사람들은 사람들과 함께 있기를 바란다. 그리고 기술이 사회에 더 많이 보급되면 될수록 사람들은 더욱 더 사람들과 함께 있기를 원한다"고 했다. 즉, 사람들은 풍요할수록 더 인간적인 접촉을 간구한다는 것이다.

이러한 관점에서 볼 때 소그룹은 대단히 중요한 위치에 있다. 21세기 교회는 급변하는 세상에 창조적으로 대응해야 한다. 교회는 하나님이 계시하신 진리로부터 변절되지 않는 범위 안에서 스스로 갱신을 추구해야 할 의무를 가진다. 그러므로 변화된 상황을 주의 깊게 연구하고 하나님의 뜻을 잘 분별하여 새로운 환경에 적응할 수 있는 새로운 전략을 세워야 한다.

따라서 앞으로의 교회 활동은 교제를 증진시키는 방향으로 적절하게 재구성되어야 한다. 기독교적 생활 철학에 이르는 방법과 그것으로부터 얻을 수 있는 혜택을 가르치기 시작해야 할 뿐만 아니라, 몸소 그것을 실천할 수 있는 모델이 되어야 한다. 프란시스 쉐퍼의 "우리 그리스도인의 조직은 다른 사람들이 볼 때 과연 하나님께서 그 속에 살아계시고 계시되어 있다는 것을 보여 주어야 한다"는 말은 이런 맥락 속에서 이해되어야 한다.

앞으로의 교회는 형식적인 틀을 벗고 보다 구체적이고 현실적으로 시대의 변화와 필요에 대처해야 한다. 교회 안의 작은 단위들이 제대로 움직이고 활동할 수 있도록 목회의 초점을 전환해야 하는 것이다. 그리하여 성도들이 소그룹을 통해 서로간의 격려와 보살핌, 영적 성장을 경험할 수 있어야 한다.

교회 안의
작은 교회들

앞에서 용어 소개를 하면서 간단하게나마 가정교회에 대한 정의를 내렸다.

가정교회의 규모

그러면 가정교회의 규모는 어느 정도로 보아야 할까? 교회 성장학에서는 교회의 성장 규모에 따라 다음과 같이 분류한다. 성도 수 5-35명은 가정 교회(house church), 35-75명은 소형 교회(small church), 75-200명은 중형 교회(midium church), 200-1,000명은 대 교회(large church), 1,000-3,000명은 대형 교회(super church), 3,000-10,000명은 초대형 교회(mega-church), 10,000명 이상의 교회는 초거대 교회(beyond-huge church)라 부른다. 이러한 구분에 따르면 가정교회는 가장 작은 형태의 교회이다.

한편, 셀 교회의 아버지라 불리는 랄프 네이버(Ralph Neighbour)는 5-15명을 가정교회의 기본 단위로 보고 있고, 호주의 가정교회 전문 사역자인 로버트 뱅크스(Robert Banks)는 1세기 때의 가옥 크기를 고려해 초대 가정교회가 약 12-15명 정도 모였을 것으로 추정하고 있다. 휴스턴 서울침례교회의 경우 6-15

명으로 가정교회의 인원을 제한하고 있으며, 화평교회의 경우는 총 36개의 가정교회가 있는데 평균 10-12명이 하나의 가정교회를 이루고 있다.

가정교회의 조직과 방향성

가정교회는 초대교회처럼 집에서 모이는 교회이다. 형편에 따라서 교회의 구성원들이 자신들의 가정을 열었다. 사도행전 2장 46-47절의 "날마다 마음을 같이하여 성전에 모이기를 힘쓰며 집에서 떡을 떼며 기쁨과 순전한 마음으로 음식을 먹고 하나님을 찬미하며 또 온 백성에게 칭송을 받으니 주께서 구원 받는 사람을 날마다 더하게 하시니라"는 말씀은 가정교회에 식사, 예배, 전도가 있었음을 암시하는 성경구절이다. 이러한 가정교회는 주위 사람들에게 커다란 반향을 일으켰음에 틀림없다. 가정교회를 통해 서로 삶을 나누고 삶의 현장에서 변화된 성도들의 모습을 통해 온 백성에게 칭송을 받으니 자연히 교회는 성장했을 것이다.

따라서 가정교회는 그 성경적 근거를 사도행전 2장 46-47절에 두어야 한다. 무엇보다 가정교회의 평신도 지도자의 역할이 매우 중요한데, 성경 인물을 예로 들면 브리스길라와 아굴라가 있다. 이와 같은 평신도 지도자들을 '목자'라고도 하는데, 목자들은 대체적으로 잘 훈련된 사역자여야 한다. 목자는 교회 안에서 섬김의 모범을 보일 수 있는 자라야 한다. 또한 목자는 주위의 이웃들에게 친밀감을 주는 활동적인 성격의 소유자여야 한다.

가정교회에서 음식을 나누는 것은 매우 중요한데, 특히 우리 민족의 특성상 음식을 함께 먹는다는 것은 어느 정도의 친밀함을 의미한다. 새로운 구성원이 들어와 자칫 어색할 수 있는 분위기도 함께 음식을 나눔으로써 한결 부드러운 분위기로 바뀐다. 가정교회는 이웃을 초청하여 음식을 대접함으로 먼저 그들에게 친구가 되어줄 필요가 있다. 또한 함께 음식을 나눔으로써 각 구성원들에게 한 식구로서의 소속감을 부여할 수도 있다.

가정교회에서 음식을 나누는 것만큼 중요한 것은 서로 필요를 채워주고 돌봐주어야 한다는 것이다. 가정교회 모임 안에서 누군가 삶의 문제를 진솔하게 내어 놓는다면 다른 구성원들은 따뜻하게 위로와 격려를 보낼 수 있어야 한다. 또한 가정교회에서는 자녀들에 대한 배려가 있어야 한다. 가정교회에서는 되도록 모든 자녀들이 모이게 해서 그들 가운데 형제 의식이 생겨나게 해야 한다. 자녀 돌보미를 따로 정해 돌아가며 섬기는 것도 좋은 방법이다. 한편, 가정교회에서 특히 중요한 것은 예배이다. 예배는 가정교회 구성원들의 성향에 따라 그 형식이 조금씩 다를 수 있다. 가장이 설교를 하기도 하고 구성원 중에 한

두 명이 하나님이 자신의 삶에 어떻게 역사하셨는지에 대해 간증을 하기도 한다.

가정교회의 가장 큰 관심은 가정교회 안에 있기보다 세상을 향해 있어야 한다. 그러므로 가정교회는 각 사람의 관계를 중심으로 전도의 폭을 넓혀 가야 한다. 그리고 어른 수 12명이 넘으면 분가를 해야 한다. 이때 분가는 가장이 개척해 나가는 방법을 택하는 것이 좋다.

교회 부흥의
전초 기지

가정교회는 사도행전의 초대교회나 신약의 교회, 그리고 바울 서신에서 등장하는 교회들에서 그 뿌리를 발견할 수 있다. 다시 말해, 가정교회는 그 누군가가 만들어낸 전혀 새로운 형태의 공동체가 아니라 이미 신약에 나타났던 교회라는 것이다. 따라서 가정교회를 회복하는 것은 곧 신약 교회를 회복하는 것을 의미한다.

가정교회는 오늘날 소그룹 목회의 새로운 모델로 자리 잡아가고 있다. 이는 가정교회가 구성원들 각 개인의 신앙이 건강하게 자랄 수 있고, 나눔과 돌봄을 통해 진정한 코이노니아를 실천할 수 있는 최적의 구조이기 때문이다. 뿐만 아니라 새가족들이 대그룹의 예배에서 체험하지 못한 안정감을 소그룹의 가정교회에서 맛볼 수 있기 때문이다. 로버트 뱅크는 그의 책『교회, 또 하나의 가족』(The church comes home, IVP)에서 가정교회에 대해 이렇게 말하고 있다.

> 가정교회로 모이는 것은 그리스도 안에서 공동체적 삶을 개발하기로 헌신한 성인들과 그 자녀들이 얼굴을 맞대고 만나는 것이다. 그들은

집, 아파트, 기타 장소에서 매주 모인다. 그러나 모임 장소보다 더 중요한 것은, 서로에 대한 보살핌과 책임감인데 각 소그룹이 전체 교회를 세우는 데 기여할 수 있는 가능성과, 각 개인이 교회의 주의 만찬 식사를 넘어서 다른 사람의 복지를 추구할 수 있는 기회다.

꽤 오래 전 미국의 한 한인 교회의 가정교회 이론과 사역의 실재가 소개된 이후, 한국 교회 내에서의 가정교회에 대한 관심은 가히 폭발적이라고 할만큼 커졌다. 중앙일보는 2011년 7월 24일자에서 "교회 대신 '가정예배'는다. 미국 7,000만 명이 집에서"라는 제목의 기사를 게재했다. 이는 미국의 한 기독교 리서치 기관에서 2005년 6월부터 2006년 5월까지 미국 전역의 5,013명을 대상으로 설문 조사를 실시한 결과, 가정예배를 드리는 인구가 지난 10년간 9배 가까이 증가했다는 내용이었다. 뿐만 아니라 가정교회에 대해서도 언급을 했는데, 가정교회는 일반적으로 목회자 없이 자생적으로 만들어진 리더를 통해 주간 단위로 예배를 갖는 모임이며, 가정교회의 예배는 구성원의 집 중 한 곳에 모여 드리는데 참석하는 예배 인원은 평균 10-20명 정도라고 보도했다.

이처럼 가정교회에 대한 관심은 전 세계적으로 빠른 속도로 확산되어 가고 있다. 그만큼 공동체가 화두로 등장하고 있다는 증거이다.

한국 교회에는 다양한 강조점을 가진 소그룹 유형들이 존재한다. 전통적인 소그룹의 유형으로 교회에서 선포된 말씀을 소그룹 안에서 다시 한 번 반복하는 유형도 있고, 특별한 필요를 요청하는 사람들의 바람에 부응하는 유형도 있으며, 셀을 변화시킨 또 다른 유형들도 다수 존재한다. 그런데 이렇게 많은 소그룹 유형들이 존재함에도 불구하고 유독 가정교회 운동에 관심이 집중되고 있는 이유는 무엇일까?

그것은 아마도, 삼위 하나님께서 사랑 안에서 강한 친밀성을 가지고 일체가 되셨듯이 가정교회 역시 유기적 가족애 정신이 살아 있는 수평적 상호 섬김의 공동체이기 때문이 아닐까 싶다. 가정교회는 초대교회의 빌립이나 스데반과 같은 평신도 사역자들이 각자의 삶의 현장에서 섬기는 초대교회의 모델을 따른 것으로, 무엇보다 가정을 중심으로 모여 각 구성원들 간에 서로 친밀히 삶을 나누고 돌보는 곳이기 때문이다

나는 제자훈련 사역을 통해 평신도를 지도자로 세우고 그들로 하여금 가정교회를 섬기도록 하고 있다. 훈련된 평신도 사역자들을 세워서 그들이 가정교회를 인도하게 함으로써 초대교회의 기능을 다하게 하고 있다. 여러 소그룹 유형 중에서도 가정교회는 '자발성', '독립성'과 더불어 교회 전체와의 '유기성'이

강조된다.

나는 만남의교회를 개척할 때부터 소그룹 사역과 가정교회에 초점을 맞추고 지금까지 변함없이 땀과 열정을 쏟아 왔다. 그 이유 중 하나는 가정교회처럼 섬김의 장을 만들어 주는 공동체가 그리 많지 않기 때문이다. 나는 가정교회가 보다 건강한 섬김의 공동체로 나아가기 위해, 가정교회를 학문적으로 체계화하고 조직화할 필요가 있음을 느꼈다. 그래서 나는 소그룹 목회학을 심도 있게 공부했고 여러 유형의 소그룹과 소그룹 유형 안에서의 가정교회를 깊이 들여다보게 되었다. 그리고 소그룹 목회에 전념하는 교회와 가정교회 철학으로 목회하는 교회들을 방문하여 탐방하면서 다음과 같이 정리해 보았다.

첫째, 로마서 16장 5절의 브리스가와 아굴라 집에 있는 교회, 골로새서 4장 15절의 눔바 집에 있는 교회, 빌립보 집에 있는 교회 등은 가정교회의 좋은 표본이다. 사도 바울 역시 가정교회를 '에클레시아' 즉, 불러내는 교회로 보지 않고 있다. 헬라어로 보면 '카타'($\chi\alpha\tau\acute{\alpha}$)라고 하여 브리스가와 아굴라 집에 '따른 교회'라고 되어 있기 때문이다. 그리고 사도행전 2장 42-47절에 나타나 있는 대로, 언어적으로 원형교회라는 인식이 드러나 있기 때문이다.

둘째, 가정교회는 얼굴과 얼굴을 맞대고 만날 수 있는 최적의 구조이자 환경이기 때문에 공동체 안에서의 교제와 섬김을 돈독히 할 수 있다. 따라서 구성원들이 서로의 형편과 상황을 잘 알 수 있기 때문에 필요한 부분을 언제든지 채워줄 수 있는 섬김의 공동체가 바로 가정교회인 것이다.

셋째, 가정교회는 나눔과 돌봄에 대한 책임감을 강조하기에, 예수님이 몸소 보여 주셨던 것처럼 상호 친밀감과 신뢰를 바탕으로 하는 섬김의 장이 된다. 한편, 가정교회에는 훈련된 전문 사역자들뿐만 아니라 각 구성원들의 은사 확인과 계발을 통한 사역 공동체로의 발전을 꾀할 수 있는 장이기도 하다. 가정교회는 수직적 위계질서보다는 수평적 관계에 중점을 두고 있기에 하나님이 각 구성원들에게 부여하신 은사들을 효과적으로 계발하는 데 유익하기 때문이다. 이처럼 평신도들의 은사와 지도력을 사장시키지 않는다는 것이 가정교회의 또 하나의 장점이라 할 수 있다.

넷째, 가정교회는 새가족이 교회에 편안하고 안정감 있게 정착하는 데 크게 기여하는 곳이다. 이렇게 시간이 지남에 따라 가정교회 구성원들의 수가 자연스럽게 늘어나고 궁극적으로는 분가로까지 이어지게 되므로, 가정교회는 과연 교회 부흥의 전초 기지라고 할 수 있다.

실제로 만남의교회 가정교회는 전도 대상자를 먼저 초대해 섬기고 교제함으로써 가족 공동체로서의 기능을 톡톡히 하고 있다. 해마다 정기적으로 실시하고 있는 이 일은, 기존의 교인들에게 헌신을 요하는 일이지만 가정교회 구성원들은 이를 기꺼이 감당하고 있다. 이처럼 소그룹으로서의 가정교회는 그 자체가 곧 섬김의 공동체인 것이다.

간증 3

하나님의 사랑을 느끼게 해준, 영성반 교육

　양육반 교육의 열기가 채 가시기도 전에 영성반 교육이 시작되었습니다. 부부팀이다 보니 또 하나의 가족 같은 분위기 속에서 교육을 받을 수 있었습니다. 양육반 때처럼 마냥 들떴던 마음과 다르게, 주님의 은혜 가운데 좀 더 차분해진 마음으로 교육에 임하게 되었습니다. 때때로 저는 내면의 뜨거움을 어떻게 표현해야 할지 몰라 저도 모르게 눈물이 나오곤 했습니다.

　다른 성도들과의 교제를 통해 은혜를 받으며 믿음이 성장해가고 있음을 느낍니다. 목사님의 열정적인 가르침을 받을 때면 그 말씀이 어찌 그리도 가슴에 와 닿는지 감사할 따름입니다. 영성반 교육을 받으면서 잠자고 있던 나의 영혼이 깨어났고, 예수님이 왜 제자들을 그렇게 가르치고 또 가르쳤는지 알게 되었습니다. 교육은 신앙생활의 길잡이이며 하나님의 사랑을 한없이 느끼게 해주는 통로인 것 같습니다.

　특별히 '기도는 무엇입니까?' 수업은 제게 신선한 충격이었습니다. 그 중에서 '자물쇠를 열 때는 그에 맞는 열쇠로 열어야 한다'는 비유는 올바른 기도 생활이 얼마나 중요한지를 단적으로 가르쳐 주는 것 같았습니다. 우리가 어떻게 기도해야 하는지, 하나님께 감사하고 영광 드리는 것이 얼마나 중요한지 비로소 알게 되었습니다.

하나님께 더 가까이 다가가는 그 시간은 그 어떤 금은보화보다 값지고 소중했습니다. 이 배움이 지식으로 끝나지 않고 실천함으로 믿음의 뿌리가 더욱 견고해져서 이전보다 풍성한 열매를 맺는 그리스도인으로 거듭날 수 있도록 열심히 달려가겠습니다.

간증 4

신앙이 다져진 소중한 시간들

　영성반 교육을 통해 저는 다시금 제 마음을 바로잡고 신앙을 단단하게 다질 수 있었습니다. 그동안 교회에 다니면서도 신앙이 깊지 못했던 제게 비로소 영적으로 깊이 있는 배움의 시간이 허락된 것에 감사합니다. 저는 교육 과정 중에 친정아버지를 하늘나라로 보내드리는 이별을 겪었지만, 그 가운데 많은 깨달음을 얻었습니다. 너무나 평안하게 가시는 아버지의 마지막 모습을 보면서 큰 슬픔이 아닌 천국 가서 다시 만날 것에 대한 감사를 느꼈습니다.

　그러나 교육 과정이 늘 평안하기만 했던 것은 아닙니다. 부부반에서 남편과 함께 교육을 받다 보니 부부 관계 속에서 영적 싸움이 있었습니다. 그때마다 저는 힘들어 눈물을 흘리기도 했지만, 하나님은 저를 좌절하지 않게 하셨고 오히려 담대한 믿음을 주시며 영적으로 무장되게 하셨습니다.

　저는 지금도 마음이 아프고 힘들 때, 하나님이 저를 위로하시고 어루만지시는 상상을 해봅니다. 그럴 때마다 저는 형용할 수 없는 행복감에 취해 다시 힘을 얻게 되는데, 이 모든 것이 하나님의 능력이 아닐까 생각합니다. 앞으로도 하나님이 저를 당신의 눈동자처럼 지켜주심을 믿고 또 믿어, 좀 더 성숙한 그리스도인이 되도록 노력하겠습니다.

가정교회를 주축으로 하는 소그룹 목회가 만남의교회를 움직이게 하는 하나의 심장이라고 한다면, 제자훈련은 그 소그룹 목회가 가능할 수 있게 만드는 또 하나의 심장이다. 제자훈련을 통해 훈련된 평신도 사역자들은 나와 함께 뛰는 팀 사역자들이며 동역자들이다. 이러한 동역자들이 태어나는 모태가 바로 제자훈련이라는 풀무다. 그래서 제자훈련은 만남의교회의 또 다른 심장인 것이다.

제자훈련 관련 교재와 도서들은 이미 많이 나와 있다. 내가 이 장에서 전하고자 하는 것은 이제 막 제자훈련을 접했거나 시작하려고 하는 후배 목회자들이 꼭 알았으면 하는 '조언' 정도이다. 이는 내가 직접 경험하면서 깨달은 바이기에, 목회 현장에서 제자훈련으로 씨름하고 있는 목회자들에게 어느 정도 도움이 될 것이라고 생각한다.

아울러 이 장의 내용들은 기존의 다른 매체에 소개된 칼럼이나 인터뷰를 바탕으로 재정리되었음을 밝히며, 이에 독자들의 양해를 구한다.

4장
'작은 예수' 한 명이 교회의 8할이다

만남의교회 **제자훈련 이야기**

대그룹의 변화를 시도하는 교회

소그룹으로 소통하는 교회

지역사회와 함께하는 교회

평신도 사역의 장을 확대하는 교회

제자훈련, 이렇게 준비하라

세상의 모든 일이 그렇지만 목회 역시 철저한 준비가 필요함은 아무리 강조해도 부족하지 않다. 제자훈련 역시 마찬가지다. 제자훈련에서 실패하지 않으려면 훈련에 대한 이해와 열정 못지않게 중요한 것이, 제자훈련 준비와 토양 다지기다. 그렇다면 성공적인 제자훈련을 위해 어떤 준비를 해야 할까?

이렇게 준비하라

1. 모든 선입견을 배제하라

"해 봤죠. 그러나 잘 되지 않던데요."
"별 효과가 없는 것 같아 그만 두었습니다."
"우리 교회 형편으로는 어렵습니다."

제자훈련이 필요하다고 생각하고는 있지만 그저 생각만 할 뿐 실제로 훈련을 실시하지 않는 목회자들이 많다. 제자훈련을 실시하지 못하는 데는 저마다 이유가 있겠지만, 가장 큰 문제는 제자훈련을 하나의 방편으로 생각하는 데 있다. 분명히 강조하지만 제자훈련은 목회의 한 방편이 아니다. 제자훈련은 그리스도께서 이 땅에 오셔서 행하신 사역의 전부이기도 하다. 그런 점에서 나는 제자훈련을 하려고 준비 중인 모든 목회자들에게, 먼저 선입견을 배제하고 있는 그대로 제자훈련을 바라보라고 말하고 싶다.

2. 목회철학을 재정립하라

제자훈련을 실시함에 있어서 가장 중요한 것은 목회자 자신의 준비이다. 목회자가 먼저 훈련으로 단련되어 있어야 한다. 그래야만 교인들을 성공적으로 양육하고 훈련시킬 수 있다. 아울러 교회론이 분명하게 정립되어 있어야 한다. 교회가 무엇이고 교회의 본질이 무엇인지, 그리고 교회가 이 땅에 존재하는 이유는 무엇인지 먼저 알아야 한다. 뿐만 아니라 하나님이 교회에게 특별하게 주신 것들과 교회를 위협하는 이단 세력들에 대해서도 충분히 알아야 한다.

무엇보다도 제자훈련을 통한 목회철학이 분명해야 한다.

'성도는 설교를 통해서 변화되는 것이 아니라 양육과 훈련을 통해서 변화된다'는 말이 있다. 그리고 고 옥한흠 목사는 생전에 이렇게 말했다. "세상에 중요한 일 치고 훈련 없이 되는 일이 있느냐"고.

성도는 오직 목회자의 삶을 통해서 진정한 변화를 경험할 수 있다. 예수님은 이 원리를 자신의 삶을 통해 철저히 드러내셨다. 성도만 훈련을 받는 것이 아니라 목회자 자신도 자기 훈련의 계획을 가지고 있어야 한다. 규칙적인 기도생활과 봉사활동, 그리고 끊임없는 독서생활 등으로 자신을 훈련시켜야 한다.

3. 영적으로 먼저 무장하라

목회자도 방학 중 휴가를 갖거나 여행을 다녀오는 경우가 많다. 그래서 제자훈련은 8월보다는 9월 중에 시작하는 것이 좋다. 휴가철에는 꾸준하던 기도도 헤이해지고 독서나 큐티도 끊어지기 쉬운 시기라 인도자와 훈련생 모두가 영적 준비에 소홀할 수 있기 때문이다. 따라서 훈련생을 잘 훈련하고 인도하기 위해서는 반드시 인도자 자신이 먼저 영적으로 준비되어 있어야 한다.

나는 매년 8월 셋째 주간이면 영성 훈련에 참석하곤 한다. 그곳에서 강의도 듣고 마음껏 찬양하고 기도하며 영적으로 충전한다. 그때 나는 나의 비전을 다시 한 번 확인하고 제자훈련의 새로운 방향과 기틀을 잡기도 한다. 제자훈련은 훈련생의 준비와 자세도 중요하지만 인도자의 준비가 더 중요하다. 인도자가 얼마나 준비되었느냐에 따라 훈련생의 인격과 영성에 변화를 줄 수 있느냐 없느냐가 결정된다. 이처럼 인도자는 제자훈련을 풍요롭게 만들 수도 있고 부실하게 만들 수도 있다. 그만큼 인도자의 영적 준비가 중요한 것이다.

이렇게 준비시키라

1. 영성 회복의 기회를 마련하라

수십 년 경험하고 또 경험했지만, 일시적 휴강이나 방학을 마치고 새롭게 훈련을 시작할 때는 목회자도, 훈련생도 상당한 에너지를 소비하게 되는 경우가 많다. 짧은 방학 기간에 헤이해지지 않도록 간단한 독서 과제나 큐티 과제를 내주기도 하지만, 일단 쉬었다가 다시 시작한다는 것 자체가 그리 쉽지만은 않다.

나 같은 경우는 앞에서도 말했듯이, 매년 8월마다 2박 3일의 영성 훈련에 참석해왔다. 그리고 훈련생들에게도 권면해 함께 참석하기도 했다. 인도자도 마찬가지지만, 훈련생들은 특히 이러한 영성 회복의 시간을 가졌느냐 안 가졌느냐에 따라 마음가짐도, 임하는 자세도 분명히 다르다.

그러므로 제자훈련에 들어가기 전에, 훈련생들만을 위한 영성 회복의 시간을 반드시 가져야 한다. 물론 간혹 지역과 교회에 따라 상황이 여의치 않는 경우도 있다. 그러나 목회자가 영성 회복에 중점을 두고 훈련에 임하고자 한다면 방법은 얼마든지 있다. 타 기관에서 주최하는 수련회를 참석하든, 본 교회에서 자체적으로 실시하든, 제자훈련에 들어가기 전 훈련생들이 영적으로 준비되어야 함은 아무리 강조해도 지나치지 않다.

이에 대한 나의 경험 한 가지를 이야기하자면, 한번은 제자훈련을 한 달 반 동안 쉬게 한 적이 있었다. 이유가 여러 가지였는데, 가장 큰 이유는 그 기수 훈련생들이 다른 기수에 비해 유독 훈련을 부담스러워하고 같은 양의 과제물에도 힘들어하는 것을 보았기 때문이다. 훈련 전 오리엔테이션 시간에 2-3회 이상 결석하면 탈락한다는 약속을 했는데, 혹시나 자동 탈락이 된 훈련생이 교회에 출석하는 것조차 부담스러워 할 것을 대비한 특단의 조치였다. 결국 이는 제자훈련생들을 재정비시키기 위한 배려였다. 대신 중간에 별도의 모임을 가졌는데, 수업을 진행하기보다는 만남을 위주로 다짐의 시간을 갖는 데 비중을 두었다.

2. 관련 DVD나 동영상, CD를 듣게 하라

만남의교회는 제자훈련과 관계된 여러 목사님들의 설교나 강의들을 녹음·발췌하여 CD에 보관하고 있다. 그리고 제자훈련 시작 전후 훈련생들이 이 CD를 듣는데, 이는 제자훈련에 대한 이해를 돕고 마음가짐을 새롭게 하게 해 훈련에 큰 도움을 준다.

나는 또 교회 홈페이지를 통해, 최근에 가장 큰 문제를 일으키고 있는 이단, 사이비 단체들에 관한 영상을 보게 하고 리플을 달게 한다. 그리고 그것을 보고 난 느낌이나 소감 또는 결단 등을 작성해 메일로 제출하게 한다. 훈련생들은 이 같이 보고 생각하고 느낀 것을 직접 써 봄으로, 스스로의 생각이나 새롭게 깨달은 것들을 정리할 수 있다. 그리고 이 과정에서 훈련생들은 스스로 은혜를 받고 훈련에 대한 마음가짐을 새롭게 하기도 하고, 누군가에게 공유함으로써 새로운 은혜를 끼치기도 한다.

이렇게 대처하라

1. 탈락 임박 훈련생

교회 사이즈에 따라 다를 수 있지만, 담임목사가 제자훈련을 한다고 할 때 대개 한 기수의 훈련생 수가 30명을 넘지는 않을 것이다. 그런데 훈련을 하다 보면 뒤처지는 훈련생도 있고 훈련 과정을 버거워하거나 부담스러워하는 훈련생도 있다. 대게 그런 훈련생들은 그대로 훈련 과정을 버틴다 하더라도 크게 달라지지 않는 경우가 많다. 그렇다고 이들을 그대로 방치하면 어떻게 될까? 아마도 대부분 탈락하거나 포기하고 말 것이다.

일단 탈락하거나 포기하게 되면 그 훈련생은 영적으로 상당한 타격을 입는다. 어떤 경우에는 잘하고 있던 사역도 힘들어서 내려놓기도 한다. 이 같은 불상사를 미연에 방지하기 위해서는 먼저, 그 훈련생을 일대일로 만나야 한다. 함께 밥을 먹거나 차를 마시면서 대화도 하고 위로도 하며 격려하는 시간을 특별히 가질 필요가 있다.

목회자의 경우 이런 시간을 갖기조차 힘든 경우도 있다. 그러나 한 가지 유념할 것은 '한 사람 철학'을 가지고 그를 평신도 지도자로 세우겠다고 출발한 사역이 제자훈련이라는 것이다. 대부분의 훈련생은 인도자가 훈련 시간 외의 별도의 시간에 자신을 만나 자신에게 관심을 가져주며 위로해 주면 큰 힘을 얻는다. 훈련생은 훈련 속에서 많은 변화를 겪고 새로운 다짐과 결단을 하지만, 때로는 그런 특별한 만남과 대화를 통해 믿을 만한 누군가에게 자신의 고민과 아픔을 토로하고 싶을 때가 있기 때문이다.

2. 반대 세력의 등장

제자훈련 반대 세력이라고 하면 먼저, 교회 내 기득권 세력을 떠올릴 수 있다. 이들은 제자훈련을 목회자의 세력 확장 수단으로 오해해 불평을 늘어놓거나 아예 훈련 자체를 거부하기도 한다. 이런 기득권 세력에게는 담임목사가 직접 인내를 가지고 설득하거나 본인의 목회철학 의지를 더욱 분명하게 보일 필요가 있다. 여기서 교회가 얼마나 오래 되었는지, 얼마나 성장했는지는 그리 중요하지 않다. 중요한 것은 제자훈련 목회철학을 모든 교인들이 공유하며 공감하고 있느냐이다.

또 하나의 반대 세력은 목회자에게 인정받기 위해 혹은 소외되지 않기 위해 훈련에 참여하는 사람들을 들 수 있다. 제자훈련을 하다 보면 자신들이 목회자의 관심 영역에서 밀려난다고 생각하는 사람들이 의외로 많이 있다. 이런 사람들에게도 목회자는 끝까지 인내를 가지고 관심 있게 대해 주어야 한다. 사람은 누구나 관심을 받고 싶어 하기에, 누구든 소외되는 느낌을 받지 않도록 마음을 다하여 섬겨 주면서 제자훈련의 목회철학과 그 중요성을 다시 한 번 설명해 줄 필요가 있다.

그리고 또 하나의 반대 세력은 제자훈련의 틀 안으로 들어갈 수 없다고 느끼는, 나이 많은 원로들이 될 수 있다. 이때 목회자는 이분들에게도 제자훈련을 할 수 있다고 말해야 한다. 그리고 강도 높은 제자훈련보다는, 이분들에게 맞는 제자훈련을 실시하여 '나도 교회 안에서 제자훈련을 받는다'는 자부심을 느끼게 해주어야 한다. 실제로 주변을 둘러보면 나이 드신 분들에게 제자훈련을 하는 교회들도 얼마든지 찾아 볼 수 있다.

3. 목회자의 탈진

교회 내의 반대 세력보다 더 무서운 장벽은 목회자 자신의 탈진이다. 제자훈련에 온 열정을 다 쏟음에도 불구하고 교회가 성장하지 않을 때 목회자는 가장 많이 고민하고 탈진하게 되는 것 같다. 그만큼 제자훈련은 영적으로도, 육적으로도, 정신적으로도 많은 에너지를 필요로 하는 일이기 때문이다. 이에 나는 평소 1주일에 세 개 반 이상은 운영하지 않는 편이다. 한두 개 반이라도 열정을 쏟아 집중할 때 목회자의 탈진을 어느 정도 막을 수 있다. 당장 어떤 성과를 얻겠다고 하는 과도한 욕심은 일찌감치 버리는 것이 좋다.

그리고 반대 세력의 도전이 유난히 심해질 때도 목회자는 탈진할 수 있다. 사도 바울도 회당에서 석 달 동안 강론할 때 마음이 굳어 도저히 순종하지 않는 일부 세력들을 만났다. 그들은 많은 사람들 앞에서 바울의 강론을 노골적으로 비방하기도 했다. 이럴 때 대부분의 사람들은 속이 상하여 하던 일을 중단할 수도 있을 것이다. 그러나 바울은 그 같은 상황에서도 강론을 멈추지 않고 두란노서원에서 2년 동안 날마다 강론했다. 그 결과 아시아에 사는 모든 유대인들과 헬라인들이 다 주의 말씀을 듣게 되는 놀라운 결과를 가져왔다. 마찬가지로 목회자는 제자훈련을 방해하는 세력들이 있다 할지라도, 분명한 철학을 가지고 훈련에 임할 필요가 있다. 그리고 그럴 때 성령님은 더 강력하게 역사하실 것이다.

또한, 도저히 변화되지 않는 훈련생들의 모습을 보면서도 목회자는 탈진할 수 있는데, 이 문제는 비교적 간단하게 정리할 수 있다. 예수님께 해답을 찾으면 된다. 예수님은 12명의 제자들과 함께 지냈고 그 사랑을 몸소 보여 주셨지만, 결국 그 제자들 중에는 가룟 유다와 같은 배신자도 나왔다. 이와 같이 어느 한 명의 훈련생이 변화되지 않는다고 해서 훈련생 전부를 포기할 수는 없는 일이다. 변화된 훈련생들을 통해 역사하실 주님을 바라보면서 결코 용기를 잃지 말아야 한다.

마지막으로 목회자는 본인의 건강 때문에 탈진할 수도 있다. 목회자의 건강은 특별히 더 중요하다. 몸이 건강하지 못하면 제자훈련 목회 자체를 할 수 없기 때문이다. 건강관리를 잘못하여 어쩔 수 없이 제자훈련을 중단하는 경우들을 자주 보게 되는 것이 사실이다. 목회자는 건강관리를 위한 시간 안배를 잘

해야 한다. 나는 이 때문에 새벽예배를 마치고 매주 서너 차례 두 시간 정도 운동을 하고 있다. 제자훈련을 하면 도저히 다른 시간을 빼기가 어렵다고 말하는 경우가 있는데, 시간은 만들면 된다. 건강에 문제가 생겨 제자훈련을 그만 두는 것보다, 평소에 건강관리 잘해서 오래오래 섬기며 제자훈련하는 편이 낫다.

개척교회, 이렇게 제자훈련하라

얼마 전 나는 미국 교회에 대한 책을 읽고 충격을 받았다. 이 책에는 미국 교회 교인들의 수가 계속 감소하고 있고, 일명 '메가 처치'라 불리는 중·대형 교회들과 일부 차별성 있는 교회들만이 부흥하며 성장하고 있다는 통계가 나와 있었기 때문이다.

이러한 상황은 비단 미국의 교회들만의 문제는 아니다. 한국 교회 안에도 성장을 멈추고 정체되어 있을 뿐만 아니라 문을 닫는 교회들이 속출하고 있기 때문이다. 공식적인 통계들을 보더라도 그렇다. 한국 교회는 지금까지 1,200만 성도를 자랑삼아 왔지만, 현재 한국의 기독교인 수가 870만 명으로 줄었다는 통계가 있다.

이러한 현실 앞에 한국 교회는 새로운 돌파구를 찾지 않으면 안 되는 시점에 와 있다고 할 수 있다. 차별성 있는 목회를 추구하지 않으면 살아남기 어려운 상황인 것이다. 하지만 여기서 잘 생각해 보아야 할 문제가 있다. 새로운 돌파구는 단순히 어떤 프로그램을 운영할 것인지의 문제가 아니라는 것이다.

그런 점에서 나는 제자훈련의 중요성을 다시 한 번 강조하고 싶다. 나는 주님의 목회철학대로 사람을 세워서 함께 동역하는 제자훈련 목회야말로 본질적인 목회요, 현재의 상황을 극복할 수 있는 대안 가운데 하나라고 본다. 실제로 주변을 살펴봐도 다른 어떤 교회들보다도 제자훈련 목회를 하는 교회들이 성장하고 있고, 동시에 이런 교회들이 건강한 교회가 되는 것을 볼 때 제자훈련의 중요성을 재확인할 수 있다.

우리 만남의교회 역시 제자훈련 목회철학으로 개척하여 지금까지 끊임없이 성장해 왔다. 교회를 개척한 이후 건축을 세 번이나 할 수 있었던 것도 만남의교회가 제자훈련하는 교회였기 때문이라고 자부하고 있다. 무일푼, 맨땅, 맨주먹으로 교회를 개척하여 도심의 땅을 300평이나 구입할 수 있었던 것과 한 번의 증축을 포함하여 세 번을 건축했던 일은 먼저 하나님의 역사요, 은혜였다. 하지만 제자훈련을 통하여 성도들의 신앙이 건강하게 세워져 있지 않았다면 불가능했을 것이다.

교회를 개척했던 당사자로서 개척교회에서 제자훈련을 시작하기 전에 준비해야 할 것은 무엇인지, 훈련 후에는 무엇을 해야 하는지 등 제자훈련 목회 경험담을 곁들어 몇 가지로 살펴보겠다.

1. 제자훈련지도자세미나에 꼭 참석하라

무엇보다도 〈제자훈련지도자세미나〉 참석이 필수다. 그러나 최근에는 세미나 참석은 하되 교회에 돌아가서 적용하지 않는 목회자들뿐만 아니라, 세미나 참석 자체가 잘 되지 않아 훈련을 시작하지 못하는 목회자들도 많다.

그러나 제자훈련을 목회철학으로 삼았다면 세미나에는 반드시 참석해야 한다. 내가 개척교회 제자훈련 목회의 경험자이기도 하고 무엇보다 주변에 제자훈련 목회로 부흥하는 교회들을 많이 봐왔기에, 이를 목회철학으로 삼고 교회를 개척해 나가라고 권하고 싶다. 그런데 세미나에 참석하지 않으면, 배우고 본 대로 하는 것이 아니라 어설프게 듣고 생각한 대로 제자훈련을 시작하게 된다. 물론 이럴 경우는 당연히 실패할 확률이 높다.

2. 관련 테이프를 반복해서 듣고 또 들어라

제자훈련 세미나 때 사두었거나 별도로 구입한 테이프를 듣고 또 들어서 완전히 내 것으로 만들어야 한다. 나는 세미나에 참석하고 난 뒤에도 이 테이프를 수십 번 듣고 또 들어서 거의 암기할 정도까지 반복해서 들었다. 그것은 나 자신과의 싸움이기도 하지만 제자훈련 1기를 실패하지 않기 위한 몸부림이었고, 또 들은 대로 한다기보다는 배우고 본 대로 실시하겠다는 의지의 표현이었다.

예수님은 우리와 함께하시는 분이시고 무엇보다 우리에게

목회하는 방법을 몸소 보여주셨던 분이 아닌가. 개척교회 때는 사전 준비를 더욱 철저히 해야 한다. 세미나에 참석하고 관련 테이프를 반복해서 듣는 것만이 시행착오를 줄이는 길이고 교회 실정에 맞게 진짜 내 것으로 만들 수 있는 길임을 명심했으면 한다.

3. 마음먹었으면 '터다지기'부터 하라

개척교회 목회자는 제자훈련과 관계된 책들을 많이 읽어야 하고, 제자훈련과 관련된 설교를 매주 시리즈 형식으로 교인들에게 들려주어야 한다. 그 이유는 담임목사의 제자훈련 철학을 성도들과 공유해야 하기 때문이다. 이 부분에 대한 소통이 이루어지지 않은 상태에서 제자훈련에 돌입하다보면 실패할 확률이 높다. 제자훈련 목회를 시작하기로 마음먹었다면 사전 '터다지기'부터 해야 시행착오를 줄일 수 있고 건강한 교회로 발돋움할 수 있다.

4. 숫자에 너무 얽매이지 말라

처음 교회를 개척했을 때 첫 주일예배에는 함께 드릴 사람이 가족밖에 없었다. 그런데 하나님은 내게 두 명의 성도를 보내주셨고 그들을 정착시키고 양육할 수 있게 해주셨다. 이것이

가능했던 비결은 개척 한 달 전부터 교회 주변을 중심으로 전도에 주력했다는 것, 그리고 제자훈련을 목회철학으로 삼은 채 한 사람의 정착과 양육에 온 힘을 쏟았던 것에 있다.

처음 내게는 일가친척을 제외하고 단 한명의 교인도 없었지만, 교인 수가 어느 정도 되면 그때 양육을 시작하겠다고 생각하지도 않았다. 한 명이 오든 두 명이 오든 그들의 정착과 양육에 집중하고자 했다. 하나님이 나의 그런 모습을 기쁘게 보시고 도와주셨다는 믿음을 여전히 갖고 있다. 양육하는 동안에 또 다른 성도가 오면 그 한 사람 역시 똑같은 방법으로 정착시키며 양육했다. 그렇게 해서 총 아홉 명이 되었을 때 나는 이들을 한데 모아 제1기 제자훈련을 시작했다.

다시 말해 숫자가 중요한 것은 아니다. 먼저 전도하고 정착시키고 양육하면서 제자훈련을 병행해야 한다. 제자훈련 목회 자체가, 한 사람을 살리는 데 목숨을 거는 목회 아니던가!

5. 선배 목회자들에게 도움을 요청하라

내가 제자훈련에 대한 이야기를 처음 듣게 된 것은 주변에서 목회하시던 다른 선배 목사님을 통해서였다. 그분은 내게 제자훈련에 대해 알려 주셨을 뿐만 아니라, 세미나 참석을 강력하게 추천해 주시고 일부 경비까지 부담해 주셨다. 그분이 내게 그런 호의를 베풀어 주신 것은 '이것이 참 목회인데' 하는 생각에서였을 것이다.

나는 그 뒤로 제자훈련 목회에 전력하는 주변 분들을 만나 묻고 들으며 제자훈련을 몸으로 익혀나갔다. 제자훈련하시는 목사님들은 숨기는 것이 거의 없다. 노하우를 숨긴다든지, 잘 안 보여준다든지 하는 분이 거의 없다. 오히려 자신의 목회 방법을 그대로 보여주고 권면해 주는 경우가 훨씬 많다.

6. 선진 교회들을 탐방하라

성장하고 부흥하는 교회들에는 뭔가 특별한 이유가 있다. 평소에 제자훈련 목회로 한 사람을 세우기 위해 힘을 쏟고 성장하는 교회들을 눈여겨보았다가 기회를 얻어 직접 탐방하는 것이 좋다. 수년 간의 제자훈련을 통해 쌓인 노하우들을 직접 보고 들을 수 있다면 누구나 겪게 되는 시행착오를 크게 줄일 수 있다. 또한 제자훈련을 받은 평신도 사역자나 훈련을 받고 있는 훈련생을 만나 대화를 나누다 보면 제자훈련에 대한 열정을 가질 수 있게 된다.

7. 무엇보다 정착과 양육에 힘쓰라

제자훈련은 성경공부가 아니다. 그야말로 교회를 이끌어갈 평신도 사역자를 양성하는 코스요 훈련 과정이다. 우리 주님이 이미 그 길을 다 닦아 놓으셨다. 그런데 개척교회 목회자들은 공연히 마음만 바쁘다. 언제 양육해서 제자훈련까지 갈 수 있을까 하는 조바심이 자신에 대한 통제력을 잃게 만든다. 그러나 제자훈련 목회는 당장 어떤 결과를 기대하거나 성과를 기대해서는 안 된다. 그보다는 목회의 본질을 붙잡고 한 사람을 세우는 데 전력해야 한다. 그러기 위해서는 교인 한 사람 한 사람을 소중히 여기고 정착시키고 양육하는 데 온 힘을 쏟아야 한다.

8. 목회자부터 전도에 주력하라

최근 교회들의 동향을 살펴볼 때, 기존 교회의 자연적 성장은 눈에 띄게 더디고, 특별한 후원 없이 시작하는 개척교회는 살아남기조차 힘든 상황이다. 따라서 이미 개척을 했거나 또 개척을 통해 제자훈련 목회를 하고 싶은 목회자가 있다면 반드시 놓치지 말아야 할 것이 바로 전도다.

무엇보다도 목회자 자신이 전도에 나서야 한다는 점을 강조하고 싶다. 전도에 나서지 않는 목회자가 어디 있을까마는 좀 더 계획적이고 적극적으로 나서야 한다는 말이다. 그리고 몇 명 되지 않는 성도라도 교회에 교인이 있다면 이들 역시 전도 현장으로 함께 나가야 한다. 그것만이 교회가 살아남을 수 있는 길이고, 그렇게 해야만 제자훈련을 위한 한 사람이 준비된다.

개척 초기에 나는 오직 전도에만 몰두했다. 창립 예배를 드리기 한 달 전부터 지역을 돌며 교회를 알리고 전단지를 돌리면서 곳곳에 교회 이정표도 세웠다. 개척교회가 살아남기 위해서라도 목회자와 성도들은 전도에 주력해야 한다고 주장하고 싶다. 대부분의 성도들은 개척교회보다는 어느 정도 안정된 교회를 좋아하고 전도에 대한 부담이 없는 교회를 선호한다. 그러니 혹시라도 다른 교회에서 이동해 오는 교인이 있지 않을까 하는 기대는 아예 버리는 것이 좋다. 나 역시 한때 그런 생각을 안 해본 것은 아니다. 그러나 역시 개척교회는 개척교회일 뿐이다. 아주 특별한 경우가 아니고서는 대부분의 교인들은 기존 교회나 중·대형 교회로 가는 것이 현실이다.

하나님이 알아서 보내주시면 모를까, 여전히 믿지 않는 사람들이 널려 있는 지금 목회자부터 먼저 전도에 열정을 쏟아야 한다.

9. 교회 조직을 단순화하라

일반적으로 신학교를 졸업하고 곧바로 목회하는 경우보다 부교역자를 거친 다음에 개척하는 경우가 많다. 그리고 기존 교회에서 담임목사로 섬기다가 부득이한 사정으로 사임하고 개척하는 경우도 있다. 그런데 어떤 경우에서든 교회를 개척할 때는 목회철학이 매우 중요하다. 만약 제자훈련 목회로 방향을 잡았다면, 가장 먼저 교회 조직을 단순화하는 것이 좋다. 가령, 구역 조직이나 셀, 순, 가정교회를 곧바로 편성하는 것보다는 교인들을 소그룹 중심으로 모이게 하여 정착이나 양육에 힘쓰는 것이 더 효과적이라는 말이다.

목회를 하다보면 간혹 기존 교회 방식에 젖어 있는 성도들이 등록하는 경우가 있다. 이들 가운데는 자신이 익숙한 방식대로, 자신의 소견에 옳은 대로 교회를 이끌려고 하는 사람들이 있다. 남전도회나 여전도회, 찬양대 혹은 어떤 위원회 같은 것이 그것인데, 이는 그렇게 시급한 문제가 아니다.

일단 목회의 방향이 세워졌으면 조금 더디더라도 교회를 이끌어갈 평신도 사역자에 초점을 맞추고, 누구를 세워야 교회를 건강하게 세울 수 있을까를 유심히 생각해야 한다. 나의 경우 만 3년 동안은 구역 조직이나 셀, 순, 가정교회나 찬양대, 남전도회나 여전도회를 조직하지 않고 오로지 새가족을 정착시키고 양육하여 차기 평신도 사역자를 세우는 데만 몰두했다.

가장 먼저 조직을 구성해야 한다고 주장하는 성도가 있기 마련이지만, 조직보다 중요한 것은 제대로 훈련받은 평신도 지도자다. 어떤 지도자가 세워졌을 때 교회가 건강하게 성장할 수 있는지 담임목사는 끊임없이 고민해야 한다.

10. 성령의 역사가 없이는 불가능하다

한번은 이런 일이 있었다. 세 가정의 부부를 대상으로 6개월에 걸쳐 정착과 양육에 전념했다. 처음 양육을 시작할 때는 이구동성으로 가장 든든하고 좋은 부부들만 양육을 받고 있다고 주변에서 칭찬이 자자했다. 그러나 결과는 전혀 예상 밖이었다. 이들 중 단 한 가정도 남지 않고 모두 흩어진 것이다.

이 일을 계기로 나는 나 자신을 많이 돌아보게 되었다. 그리고 회개하게 되었다. 나로서는 열정을 가지고 헌신하며 최선을 다했지만, 결과적으로 모든 것을 하나님께 맡기고 성령의 도우심을 구하지 못했다는 생각을 떨칠 수가 없었다. 모든 사역이 그렇듯이 제자훈련은 성령의 역사가 아니고는 절대 불가능한 일이다. 왜냐하면 제자훈련 자체가 성령의 사역이기 때문이다.

11. 제자훈련 도중이라도 사역을 맡겨라

제자훈련 과정이나 제자훈련을 마친 다음이 얼마나 중요한가는, 제자훈련을 실시하는 교회들마다 몸소 체험하는 많은 사례들로 알 수 있다. 결론부터 말하자면, 제자훈련을 마친 성도에게 적절한 사역을 맡기지 않으면 오히려 훈련 전보다 더 잘못된 길로 빠지는 경우가 많다.

간혹 보면 제자훈련을 마치고 사역훈련을 할 때까지, 어떤 사역도 맡기지 않은 채 오직 훈련에만 전념하게 하는 교회들이 있다. 물론 교회 나름대로 그럴만한 이유가 있겠지만, 우리 교회에서 임상적으로 경험한 바에 따르면 제자훈련 과정에서 팀 사역을 병행하게 했더니 훨씬 효과적인 결과를 가져왔다는 것이다.

가령, 돌아가면서 안내 사역이나 새가족 사역에 참여하게 하는 것이다. 그리고 작은 교회일수록 주일마다 전 교인이 함께 식사하는 곳이 많은데, 이럴 경우 식사 섬김이로 봉사하게 하는 것도 좋다. 이처럼 훈련 과정에 있거나 훈련을 마친 훈련생들이 아무 사역도 하지 않아 고인 물이 되지 않도록, 교회의 필요와 훈련생의 은사에 맞게 사역 현장에 뛰어들게 해야 한다. 그래야 비로소 훈련의 진가가 발휘되고 평신도 사역자로 디딤이질 수 있다. 이는 또한 목회자의 수고도 덜어 주어 보다 능률적이며 효율성 있는 결과를 가져온다.

제자훈련 목회자 둘만 모여도
꼭 나오는 질문들

최근 들어 소그룹목회학이 신학대학원의 정식 학과로 자리 잡을 만큼, 소그룹 사역의 영역이 확대되고 있다. 그만큼 시대적 상황과 목회 환경이 변화하고 있는 것이다. 이 시대는 이러한 변화에 교회들과 목회자들의 많은 관심을 요구하고 있다. 그래서 지금이라도 변화를 시도하지 않으면 현상 유지조차 힘들어지지 않을까 하는 생각이 든다.

그런데 제자훈련은 그야말로 소그룹으로 이루어지는 목회 모델이다. 성도와 교회의 변화를 가장 넓게 가져다 줄 수 있는 목회 모델 역시 제자훈련이다. 따라서 지금이야말로 제자훈련을 토대로 평신도 지도자를 세우고 동역해야 하는 때인 것이다. 지금은 옛날과 달라서 평신도들의 지적 수준이 상당하고 나름대로 전문성을 가지고 있는 성도들이 교회마다 늘어나고 있다. 따라서 이들을 평신도 사역자로 세우지 않으면 그들의 전문성과 능력을 극대화하기 어렵다.

"개가 짖어도 기차는 달린다"라는 말이 있다. 달리는 기차는 비가 오거나 눈이 오거나 개가 짖어도 달린다. 제자훈련은 결코 하루아침에 이루어지지 않는다. 꽤 긴 여정이 소요된다.

어쩌면 레일 위를 달리는 기차와 같은 지도 모른다. 힘차게 달리는 기차는 그 어떤 장벽도 뚫고 돌파할 수 있지만 한번 정지되었다가 다시 달리려고 할 때는 제 속도를 회복하기가 어려운 법이다.

제자훈련을 하다 보면 장애물과 같은 문제들을 수도 없이 만난다. 이러한 문제 앞에 상황과 환경을 초월한 정답은 없겠지만, 그동안의 경험을 토대로 몇 가지 지침과 대안들을 정리해보고자 한다.

탈락하는 사람을 줄일 방법이 있나요?

제자훈련은 일단 시작하면 훈련생 모두가 끝까지 훈련을 받고 수료하는 것이 정상이요, 바람직한 일이다. 그런데 막상 하다보면 중간에 탈락하는 훈련생들이 수두룩 발생한다. 이런 예비 탈락생들을 어떻게 돌보며 섬겨야 하는지는, 제자훈련하는 모든 목회자들의 고민이 아닐 수 없다.

1. 본 대로 철저하게 준비하라

1기 제자훈련을 시작하기 전 나는 긴장감을 가지고 철저하게 준비했다. 〈제자훈련지도자세미나〉에 참석하고 사전 준비에 토양 작업까지 충분히 했다. 그리고 세미나에서 사 온 테이프를 수십 번은 돌려 들었다. 무엇보다 더 깨어서 기도하고 영적으로 무장했다.

당시 1기 제자훈련생들은 총 아홉 명이었다. 나는 세미나에서 보고 듣고 배운 것을 그대로 적용하기 위해 최선을 다했다. 그런데 놀라운 사실은 그렇게 했더니 결석하는 훈련생이 거의 없었다는 거다. 간혹 부득불 결석할 수밖에 없는 경우는 따로 보충수업을 실시하여 문제없이 수료할 수 있게 했다. 그 결과, 1년 후 아홉 명 전원이 함께 수료하는 기쁨을 누렸다.

지금도 그때 그 훈련은 평생 잊을 수 없는 훈련으로 기억되고 있다. 하나님은 우리가 준비된 만큼 역사하신다. 제자훈련의 주관자는 하나님이시기에, 훈련자인 내가 하나님 앞에 얼마나 준비되었느냐는 제자훈련의 성패를 결정짓는 매우 중요한 요소이다.

2. 원칙을 정하고 반드시 지키라

제자훈련의 원칙은 〈제자훈련지도자세미나〉에서 배웠던 것이나, 이미 많은 경험을 갖고 있는 선배 교회들의 원칙을 따르는 것이 좋다. 그 중 일반적인 출결 원칙으로 훈련생이 세 번 결석하면 탈락시키는 것을 들 수 있다. 그리고 지각하거나 과제물을 해오지 않을 경우를 대비한 벌금 제도도 그대로 시행하는 것이다. 이때 과제물은 벌금으로 끝나는 것이 아니라, 그 다음 번 모임에서 재차 체크해야 할 필요가 있다.

한편으로는 이를 각 교회 형편을 고려하지 않은 냉혹한 처사라고 말할 수도 있다. 그러나 실제로 우리 교회 훈련생들을 그렇게 훈련시킨 결과 가장 일반적이고 적합한 기준이라는 확신이 들었다. 더구나 1기 훈련에 들어갈 당시 우리 교회가 개척 교회였음을 감안하면, 다른 교회에도 얼마든지 적용될 수 있을 거라 생각한다. 왜냐하면 이런 사소한 약속이 다 훈련이기 때문이다.

혹시라도 훈련생이 탈락하면 교회를 떠나지는 않을까 하는 우려에 그 원칙과 기준이 흐려질 수도 있다. 하지만 그렇게 되면 훈련의 강도는 약해지고 훈련생들의 변화는 더뎌진다는 것을 염두에 두어야 한다. 훈련에 열중할수록 살아계신 하나님은 크게 역사하시고 끝까지 인도하신다는 것을 잊지 말아야 한다.

3. 개별적 돌봄에 소홀하지 마라

제자훈련에 임하다보면 부득불 탈락자가 생기고 마음에 큰 상처를 안게 되는 경우가 있다. 한번은 제자훈련 수료를 앞두고 마무리 단계에서 탈락하는 경우가 발생했다. 훈련생의 남편이 지병으로 병원에 장기간 입원해야 했기에 참석이 어려웠던 것이다. 아내가 남편 곁에서 간호하지 않으면 안 될 상황이었는데, 결국 남편은 얼마 지나지 않아 하나님의 부르심을 받았다. 이 일로 그 훈련생은 깊은 실의와 절망에 빠지게 되었고 마음에 큰 상처를 안게 되었다. 남편이 없는 상황에서 함께 훈련받던 동기들의 수료식을 지켜봐야 하는 마음이 어떻겠는가.

이러한 경우에 관심과 사랑으로 다가가지 않으면 더 큰 시험에 빠지거나 마음에 큰 상처를 안고 교회를 떠나는 일도 발생한다. 그렇기 때문에 끝까지 인내하며 관심과 사랑으로 섬겨야 한다. 나는 있는 힘을 다해 그 훈련생을 섬겼다. 다행히 그는 힘을 얻었고 교회 봉사에 자원하게 되었으며, 제자훈련을 다시 시작하겠다고 고백하기도 했다. 현재 그는 교회에서 열심히 봉사하고 있으며 제자훈련 다음 기수를 기다리고 있다.

4. 나쁜 영향력을 파쇄하라

한 사람이 다른 많은 사람들에게 영향을 미치는 경우가 얼마나 많은가? 더구나 나쁜 영향력은 그 속도가 대단히 빠르다. 지도자는 이럴 때 각별히 신경 쓰지 않으면 안 된다.

특히 함께 훈련을 받다가 누군가 탈락하게 되었을 때는, 그 탈락생이 소외되지 않도록 개별적 관심과 면담을 진행해야 한다. 경험으로 볼 때, 마땅히 탈락되어야 하는 훈련생도 있지만 장기적인 훈련을 통해 변화될 훈련생도 있다. 지도자는 이러한 분별이 빨라야 하고 정확해야 한다. 만약, 어느 정도 가능성이 있는 훈련생이 부득이하게 탈락하게 되었다면, 지도자는 이 훈련생이 다음 기수에서 다시 훈련받을 수 있도록 그를 특별한 관심과 사랑으로 섬겨야 한다.

그리고 탈락된 훈련생이나 훈련 중에 있는 훈련생 모두가 궁극적으로 예수님의 제자로 세워져야 할 성도임을 잊지 말았으면 한다. 탈락되었으면 자격 미달이라는 논리, 그 사람은 평신도 리더가 될 가능성이 없다는 편견은 있을 수 없다. 여러 시행착오를 겪은 그 사람도 얼마든지 교회의 일꾼이요, 목회자의 든든한 동역자로 세워질 수 있음을 명심해야 한다.

제자훈련받은 교인과 안 받은 교인 사이의 갈등은 어떻게 해소하나요?

제자훈련하는 교회라면 꼭 듣게 되는 말이 있고 넘어야 할 산들이 있다. 그 중에 하나가 이런 말이다. "우리 교회는 제자훈련을 받지 않으면 살아남지 못한다." 이 말을 긍정적으로 받아들이면 "반드시 훈련을 받아야 한다"는 말이고, 부정적으로 받아들이면

"제자훈련이 신앙생활의 전부인가?"로 느낄 수 있다.

제자훈련을 통해 성도들이 변하고 있고 그로 인해 곳곳에 많은 열매들이 나타나고 있음은 명백한 사실이다. 하지만 훈련을 받지 않는 사람들은 자기 입장에서 쉽게 말하곤 한다. 가령 "제자훈련을 받아야만 신앙생활 잘하는 건가?" 또는 "우리는 훈련을 못 받았으니까 아무것도 아니네?" 같은 말이다.

지금까지 제자훈련 목회를 하는 동안 듣고 그냥 넘겨야 할 말들, 극복해야 할 말들이 참 많았다. 물론 그런 경험이 오히려 시행착오를 줄이는 좋은 결과를 가져온 것도 사실이다. 하지만 중요한 것은 여러 사람들의 말에 휘둘려 제자훈련의 본질을 놓쳐서는 안 된다는 것이다.

제자훈련 목회도 기존 교회에서 전환했느냐, 아니면 개척 교회를 시작하면서 아예 처음 시작했느냐에 따라 상당한 차이가 있다. 나는 개척 때부터 아예 제자훈련 목회에 초점을 맞추고 있었기 때문에, 기존 교회에서 제자훈련을 시작하는 경우나 전환하는 경우에 생겨나는 갈등은 별로 겪어보지 못했다.

요즘 목회 현장의 이야기를 들어보면 많은 교회와 목회자들이 새로운 패러다임으로 전환하고 있음을 본다. 그것은 바로 제자훈련 목회이다. 주변의 동료 목회자들만 봐도 그렇지만 타 교회의 세미나 인도 초청을 받을 때도 많이 느낀다. 과거에는 제자훈련 목회가 특별한 사람들이나 하는 특수 목회쯤으로 여겨졌는데, 이제는 아예 제자훈련을 목회의 본질로 인식하고 당연시 하는 경우를 많이 본다.

그런데 문제는 제자훈련 목회가 그리 쉽지 않은 목회라는 것이다. 여기에는 여러 가지 이유가 있겠지만, 제자훈련이 영혼을 다루는 일이고 예수처럼 살도록 이끌어 주는 일이기 때문에 그렇다. 그리고 제자훈련을 시작하자마자 바로 풍성하고 아름다운 열매가 맺히지는 않기 때문이다. 그 중에서 유독 골칫거리가 되는 것이, 제자훈련을 받은 사람과 받지 않은 사람 사이의 갈등이다. 그렇다면 이러한 갈등을 줄이고 해소하는 방법으로 어떤 것들이 있는지 한번 살펴보자.

1. 말을 조심하라

교회 안에는 훈련받은 사람과 받지 않은 사람이 공존하기 마련이다. 아니 오히려 훈련을 받지 않은 사람들이 더 많다. 그렇다 보니 교인들이 교회 안팎에서 취하는 행동과 말이 다를 수밖에 없는 것이 사실이다.

그런데 간혹 훈련을 받은 사람이 받지 않은 누군가의 잘못된 행동을 보았을 때, 순간적으로 이런 말을 내뱉기도 한다. "제자훈련 안 받았으니 저렇지!" 이런 말은 듣는 사람의 감정을 극도로 자극한다. 그래서 그 사람 역시 "너는 훈련받고도 그러냐? 차라리 훈련 안 받고 이 상태로 있는 게 낫겠다!" 라고 내뱉는다. 이런 말들은 서로의 감정을 격화시키고 갈등을 증폭시킬 뿐이다.

따라서 이런 말들은 농담이라도 하지 말아야 한다. 사정상 훈련을 받지 못해 안 그래도 속상한데, 그런 말까지 들으면 오히려 반발심만 강해져 훈련에 자원했던 마음까지 사라질 수 있기 때문이다. 훈련을 받은 사람들은 특히 자나 깨나 말을 조심해야 한다.

2. 탈락자를 먼저 배려하라

교회 전체가 제자훈련 중심으로 움직여 간다고 하더라도 탈락자는 언제든 나오기 마련이다. 이때 무엇보다 이들을 배려하는 자세가 중요하다. 한번은 개인적 사정으로 훈련에 중도 탈락한 성도가 교회를 잠시 떠난 적이 있었다. 동기생들과 지도자의 관심에도 불구하고 괜한 자책감에 교회에 나오지 못하고 괜히 이 교회 저 교회를 배회했던 것이다.

나는 그 사람을 만나 이야기를 나누며 다음 기수에 다시 훈련받으면 좋겠다고 권면했다. 결국 그는 교회로 돌아와 자신이 할 수 있는 봉사를 시작했고, 다음 기수 훈련에 재도전해 결석한 번 없이 훈련을 마쳤다.

3. 은사에 맞게 사역을 맡기라

제자훈련 중에 있는 훈련생들에게도 각자의 은사에 맞게 적절한 사역을 맡기는 것이 좋다. 우리 교회에서는 현재 훈련생들에게 각각 두 가지 사역을 겸하여 맡기고 있다. 이렇게 훈련과 사역을 겸하다 보면 그 과정에서 힘들고 어려운 시험들이 찾아올 수도 있다. 하지만 훈련생들은 이때 시험을 어떻게 이겨내야 하는지를 훈련 가운데서 해결해 가기에, 오히려 긍정적인 효과를 기대할 수 있다.

물론, 훈련을 받지 않은 교인이라 하더라도 각자의 은사에 맞게 사역을 맡겨야 한다. 훈련을 받았든 못 받았든, 모든 교인들이 골고루 봉사할 수 있는 분위기가 형성된다면 그 교회는 갈등의 요소를 최소화할 수 있다.

4. 편견과 비교 의식을 버리라

앞에서도 말했지만 교회 안에는 훈련을 받지 못한 교인들이 훨씬 많다. 그런데 훈련을 받은 교인들 중에, 일종의 우월감에 사로잡혀 훈련을 받지 못한 교인들을 자신보다 못한 사람으로 여기고 하대하는 사람들이 있다. 이런 모습이 보이면 목회자는 반드시 잘 인지해서 그 생각의 뿌리를 잘라 버려야 한다.

목회자 역시 자신도 모르는 사이에 이러한 편견을 가질 수 있다. 아무래도 훈련을 받은 사람과 받지 않은 사람은 모든 면에서 차이가 나기 때문에, 목회자의 의식 속에 "저 분은 훈련받았으니까" 혹은 "저 분은 훈련 안 받았으니까" 하는 생각이 들 수도 있다. 하지만 이것을 표면화해서는 절대 안 된다.

목회자의 균형 있는 배려는 훈련받은 교인과 받지 않은 교인들 간의 갈등을 어느 정도 해결할 수 있다. 그래서 나는 우리 교인들에게 이렇게 말한다. 제자훈련 좀 안 받으면 어떠냐고, 지금처럼 맡은 일 열심히 하고 신실하게 신앙생활 하면 된다고. 사실 훈련의 필요성에 대해서는 교인들 스스로가 먼저 인식하는 경우가 많다. 특히 우리 교회에서는 정착과 양육과정을 통해 왜 제자훈련을 받아야 하는지에 대해 반복적으로 가르치기 때문에, 교인들이 먼저 훈련을 받고 싶다고 찾아오는 경우가 훨씬 많다.

5. 지속적으로 영성을 개발하라

나는 많은 선배들을 통해, 1기 훈련의 실패가 교회와 목회자 자신에게 매우 큰 영향을 미친다는 이야기를 들었다. 게다가 훈련자도 훈련생도 처음이다 보니 대부분의 1기 훈련이 실패하는 경우가 많다는 것이었다. 그래서 나는 1기를 시작하기 전에 정말 많은 준비를 했다. 혹시 일어날 지도 모르는 실수들을 최대한 줄이기 위해 무척 노력했고, 특히 세미나에서 배운 원칙대로 훈련을 진행하려고 애썼다. 그 결과 훈련생 중에 단 한 명의 낙오자도 없이 100퍼센트 수료하는 기쁨을 첫 기수부터 맛볼 수 있었다.

그런데 기수가 더해지고 경험이 쌓여가면서 스스로 긴장이 풀리는 것을 느꼈다. 우선, 목회 연구나 개인적인 영성 개발의 강도가 서서히 둔해졌고, 성령 충만한 상태로 훈련을 진행하기보다 내 안에 축적된 경험에 의지해 모임을 인도하곤 했다. 그런데 이것은 한마디로 위험 신호이다. 이렇게 되면 제자훈련의 본질 없이 외형만 남게 되어, 제자훈련 자체가 하나의 교회 프로그램으로 전락하기 쉽다. 더욱이 이럴 때 훈련받은 사람들은 교회 안팎으로 문제를 일으키고 갈등을 만드는 경우가 많다.

따라서 목회자는 스스로 성령 충만하기 위해 영성 개발을 위한 노력을 게을리 해서는 안 된다. 나는 제자훈련을 계속하면서 제자훈련 목회는 성령의 도움 없이는 절대적으로 불가능하다는 것을 더욱 절감하고 있다.

6. 한 사람도 소외되지 않게 하라

훈련을 받았든 받지 않았든, 대부분의 교인들은 사역을 통해 인정받고 싶어 한다. 사역은 훈련을 받았다고 다 잘하는 것도 아니고 못 받았다고 제대로 못하는 것도 아니다. 교인들 가운데는 훈련을 잘 마쳤음에도 여러 가지 사정상 섬기지 못해 스스로 자책감을 갖는 경우도 있다. 이럴 경우에는 목회자가 관심을 기울이고 더 섬세하게 배려해야 한다.

한 예로 우리 교회의 어떤 집사님 한 분이 개인 사정으로 하던 사역을 그만두게 되었다. 이것이 그 집사님의 독자적인 결정이 아니었음에도, 이후 그분이 점점 교회 봉사나 사역자들과 멀어지는 것을 보았다. 이럴 때 목회자는 그 사람을 인내와 사랑으로 끝까지 품에 안아야 한다. 그렇지 않으면 그 사람은 아예 교회 밖으로 이탈할 수도 있다. 나는 그분에게 지속적으로 관심을 쏟았고, 다른 사역자들에게도 그분에게 끊임없는 관심을 기울일 것과 자주 연락을 취할 것을 부탁했다. 결국 그분은 마음도 신앙도 많이 회복되었고, 사역의 영역으로 다시 들어오게 되었다. 이 일을 통해 나는 훈련받은 사람이 사역을 하지 않으면 오히려 훈련 안 받은 사람보다 위험할 수 있다는 것을 다시 한 번 깨달았다.

한편, 훈련받지 못한 교인들 중에는 '나는 훈련을 안 받았으니까…' 하면서 아예 처음부터 뒤로 물러서는 사람들이 있다. 하지만 이런 태도의 이면에는 훈련받지 못한 것에서 나오는 소외감이 숨어 있음을 알아야 한다.

교회는 한 몸 공동체이다. 어느 쪽이든 소외감을 느끼게 해서는 안 된다. 일부 교인들이 소외감을 느끼는 순간 그 교회는 건강해지기 어렵다. 그러므로 제자훈련을 하는 교회는 이 부분을 각별히 신경 써야 한다. 우선, 모든 성도들이 소외감에서 해방되어 각자 소신껏 사역할 수 있는 장이 마련되어야 한다. 그리고 각자의 은사에 따라 적당한 사역을 배정해야 하며 끊임없이 위로하고 격려해야 한다.

아직 훈련 중인데, 사역을 맡겨도 될까요?

몇 년 전, 광주의 모 교회에서 제자훈련 입학 예정자들과 수료생들을 대상으로 강의를 한 적 있다. 나는 그 교회의 담임목사님과 대화를 나누던 중 이런 말을 들었다.

"지금 제자훈련과 사역훈련을 진행하고 있는데 아직 사역을 맡기지 않고 있습니다."

이유인즉, 훈련을 다 받아야 제대로 사역을 감당할 수 있지 않겠냐는 이야기였다. 그 말을 들으며 나는 이런 생각을 했다.

'아니, 훈련을 받으면서 사역하게 하면 시행착오를 줄일 수 있어서 훨씬 더 좋을 텐데….' 그래서 조심스럽게 이렇게 이야기했다.

"목사님! 제자훈련하면서 사역하게 하면 훨씬 좋습니다."

나는 지금도 훈련생들에게 두 가지 이상의 사역을 맡기고 있다. 그렇다면 훈련과 사역을 병행하는 것이 왜 이렇게 중요한 것일까?

첫째, 제자훈련 과제물로는 실전 경험을 쌓는 데 한계가 있기 때문이다. 제자훈련 중 교재 예습과 복습, 큐티와 말씀 암송 등을 하지만, 이와 더불어 실제적인 경험을 쌓을 필요가 있다. 이는 한 사람을 평신도 지도자로 세우는 일에 필수적인 요소이다. 그리고 사역 경험 없이 훈련만 받은 사람은 오히려 교회 일에 비뚤어지고 부정적인 태도를 보이기도 한다. 그래서 은사에 맞게 적절한 사역을 맡기는 것은 생각보다 중요한 일이다.

둘째, 훈련 과정에서 그 사람의 은사와 능력을 발견하고 개발할 수 있다. 훈련 과정에서 사역을 통해 자신의 은사를 발견한 사람은 제자훈련 수료와 동시에 준비된 사역자로 세워질 수 있다. 하지만 간혹 사역으로 인해 힘들어 하는 훈련생들도 있다. 이럴 때는 그 사람에게 좀 더 맞는 사역으로 바꿔 주는 것이 좋다.

대부분의 교회들은 훈련 수료생들을 구역장이나 순장, 그리고 가장이나 목장 등으로 세운다. 이는 우리 교회도 마찬가지다. 우리 교회는 훈련받은 성도들을 가정교회의 가장으로 세워 나가고 있다. 그리고 가정교회 외에도 각 기관의 리더로 세워지기도 한다. 우리 교회에는 약 60개의 소그룹이 있는데, 이 소그룹들은 크게는 10개의 전문 사역팀으로 구성되어 있다. 각 팀 안에는 다시 5-7개의 소그룹이 존재한다. 그 중에서도 새가족팀과 전도팀 사역자들은 대부분 훈련받은 사람들로 구성되어 있다. 새가족 전도와 정착이 매우 중요한 부분이고, 전문적으로 훈련받은 자들이 사역할 때 그 효과가 크기 때문이다.

또한 목회 사역을 전담하는 사역팀 안에 12개의 소그룹이 있는데 이곳 역시 서서히 훈련받은 성도들 중심으로 움직여지고 있다. 현재 만남의교회는 리더의 약 70퍼센트 정도가 훈련받은 성도들이다. 물론 교회 안에는 훈련은 받지 않았지만 은사와 열정이 있는 사람들도 있기 마련이다. 목회자는 이들이 훈련받은 성도들과 협력하여 균형 잡힌 사역을 할 수 있도록 각별히 배려하고 격려할 필요가 있다.

한편, 훈련 후 사역의 장을 찾지 못한 훈련생들은 시간이 흐를수록 자신감을 잃어버리게 마련이다. 그리고 때로는 교회 안에서 암적인 요소로 자라가는 경우도 있다. 한번은 훈련을 다

마친 훈련생에게 가정교회 총무를 맡겼는데, 자신은 훈련도 받았는데 가장을 맡아야지 총무는 안 하겠다고 하는 말을 듣고 황당했던 기억이 있다. 이처럼 훈련 후에 일어나는 일들은 예측 불가일 때가 너무 많다. 그렇기에 제자훈련은 성령님이 함께 하셔야 가능한데, 훈련 후 사역을 맡길 때는 더욱 그렇다. 잘못하면 훈련을 받고도 오히려 가룟 유다처럼 되는 경우가 있음을 기억해야 한다.

나는 지금도 훈련을 앞두고 두렵고 떨리는 마음이 든다. 왜냐하면 제자훈련을 하면 할수록, 이것이 목회의 한 방법 정도가 아니라 목회의 '본질'임을 깨닫기 때문이다. 그리고 사람의 방법으로 결코 불가능한 것이 바로 제자훈련이기 때문이다.

훈련생들과 소통 잘하는 비결은 뭔가요?

의사는 환자의 이야기만 잘 들어도 병의 70-80퍼센트는 알 수 있다고 한다. 그리고 심리상담사는 자신이 주도적으로 말하기보다, 상대방이 속마음을 털어 놓을 수 있도록 유도함으로써 병의 근원에 접근한다고 한다. 피가 잘 소통되지 않아 막힌 상태를 '경색'(梗塞)이라고 하는데, 의학적으로는 혈액 속에 떠다니는 혈전이 혈관을 막아 영양을 공급받지 못한 세포조직이 괴사한 상태를 말한다. 뇌경색과 심근경색이 바로 뇌와 심장의 혈관이 막혀서 생긴 질환인데, 이는 대개 예고 없이 발생한다.

이렇게 혈액 속에 혈전이 있는 것처럼 제자훈련하는 사람들끼리, 혹은 인도자와 훈련생 사이에 의사소통이 원활하지 못하면 훈련 자체가 경색된다. 이는 훈련 과정에 걸림돌이 생기게 하고 인도자와 훈련생을 불안하게 만든다. 그렇게 되면 그것은 더 이상 훈련이라기보다는 구색만 갖춘 하나의 요식 행위에 지나지 않는다.

우리 속담에 "사공이 많으면 배가 산으로 간다"라는 말이 있다. 이는 여러 사람이 저마다 각자의 주장대로 배를 몰려고 하면 결국, 배가 바다로 못 가고 엉뚱하게 산으로 가게 된다는 뜻이다. 즉, 주관하는 사람 없이 여러 사람이 각자 자기주장만 내세우면 일이 제대로 되기 어려움을 비유적으로 표현한 말이다.

그런데 이 속담을 '모든 사람이 힘을 합치면 못할 일이 없다'라는 뜻으로 해석하는 사람도 있다고 한다. 즉, 배는 원래 바다로 가야 하지만 여러 사람의 의견이 모아지면 이 배를 산으로 갈 수 있게도 한다는, 다소 억지스러운 주장이다.

같은 속담을 놓고도 이렇게 해석이 달라지는데 여러 사람을 서로 소통하게 한다는 것은 매우 어려운 일이다. 본질적으로 서로 생각이 다른 사람들을 하나로 묶어 동일시한다는 것 자체가 어찌 보면 잘못된 생각인지도 모른다. 소통은 상대의 의견을 존중하고 서로 양보하는 미덕을 발휘할 때 이루어진다. 자신의 주장만 내세우고 상대를 아랑곳하지 않을 때 소통은 이미 물 건너 간 것이나 마찬가지다.

소통의 사전적 의미는 '막히지 않고 서로 잘 통하여 오해가 없는 것'이다. 우리가 원하는 소통은 '벽을 치면 대들보가 울리는 것'과 같은 것이다. 만약, 작은 암시만 주어도 상대방이 곧바로 눈치를 챈다면 그보다 더 바람직한 일은 없을 것이다. 그렇지만 모든 일이 다 그렇게 될 수는 없다. 제자훈련을 하다보면 가장 먼저 피부로 느끼는 문제가 바로 소통의 문제다. 제자훈련 인도자는 훈련 교재를 인도하는 것뿐 아니라 훈련생들과의 전인격적인 소통을 이루어야 한다. 그래서 나는 여기서 이러한 소통을 어떻게 이룰지에 대해, 내가 경험했던 사례들을 바탕으로 살펴보고자 한다.

1. 먼저 중보기도로 만나라

과거 부목사 시절 나는 7년 여 동안 교구 사역을 담당한 경험이 있다. 해가 바뀔 때마다 담당 교구가 바뀌었는데, 그때마다 내가 가장 먼저 해야 했던 일은 내 교구에 속한 성도들을 파악하고 이름을 암기하는 일이었다. 그런데 성도들의 이름은 아무리 외우고 또 외워도 잊어버릴 때가 많았다. 목사로서 참 난처한 일이었다.

그런데 명단을 앞에 놓고 노트에 정리한 다음, 각 사람의 이름을 불러가며 중보기도를 했더니 어느 순간 성도들의 이름과 상황이 완전히 파악되는 것이었다. 그때 나는 비로소 깨달았다. 제자훈련생들과의 소통에 있어서도 가장 중요한 일이 바로 그들을 위해 중보기도하는 일이라는 것을 말이다.

물론 훈련생들을 위해 기도하지 않는 지도자가 있을까마는, 훈련생들을 위해 매 순간 중보기도하다 보면 생각지도 못한 경험을 하게 된다. 그것은 자신들을 위해 기도하고 있다는 사실을 훈련생들이 자연스럽게 알게 된다는 사실이다. 그리고 그것은 영적인 소통뿐만 아니라 지도자와 훈련생 사이의 신뢰를 두텁게 한다는 것이다.

2. 문자 메시지를 보내라

나는 그동안 한 해도 쉬지 않고 제자훈련을 계속해 왔다. 잠시 놓고 싶은 때도 있었지만 그럴 수가 없었던 것은, 제자훈련의 목적이 교회 부흥과 성장이 아니라 교회의 건강성에 있다고 믿었기 때문이다. 교회가 건강해지기 위해서는 훈련된 평신도 사역자가 계속 세워져야 했기에 나는 제자훈련에 온 힘을 기울일 수밖에 없었다.

제자훈련을 하다 보면 마무리 단계에서도 어려움을 겪을 때가 있다. 이처럼 잠시라도 긴장을 늦출 수 없는 것이 제자훈련이다. 훈련생들이 끝까지 훈련을 마칠 수 있도록 이끌어주는 것은 역시 서로 간의 두터운 신뢰와 원활한 소통인데, 이렇게 소통하는 데 있어 매우 효율적인 통로가 문자 메시지다.

나는 매주 상황과 여건에 따라 긍정적인 내용을 담은 문자 메시지를 훈련생들에게 보내고 있다. 동시에 훈련생들끼리도 서로 문자를 주고받도록 격려한다. 훈련생이 개인적 문제나 어려움으로 인해 감정적으로 침체되어 있을 때 이런 문자 메시지를 받고 힘을 얻는 경우를 많이 보았기 때문이다. 특히 훈련을 인도하는 지도자가 이런 문자 메시지를 직접 보내면 훈련생이 힘을 얻을 뿐만 아니라 새로운 마음으로 훈련에 임하게 된다.

3. 국내 성지순례를 떠나라

한번은 훈련 중에 훈련생들끼리 서로 감정이 상해 아예 대화 자체를 하지 않는 경우를 목격했다. 그 이유는 서로를 이해하지 못해서였다. 과제물을 잘 해오는 사람들과 못 해오는 사람들 사이에 작은 일이 발단이 되어 서로 감정적으로 대립하게 된 것이었다.

우리 속담에 "호미로 막을 것을 가래로 막는다"라는 말이 있다. 이와 비슷한 것이 '1대 10대 100의 법칙'이다. 둘 다 원활한 소통을 위해서는 초기 대응이 중요하다는 교훈을 담고 있다. 그래서 나는 지금까지 제자훈련을 하면서 매년 빼놓지 않고 실시하는 행사가 있는데, 바로 국내 성지순례다. 그것도 한두 번 가고 끝내는 것이 아니라 1년에 몇 차례씩 시행한다.

성지순례를 앞두고 나는 방문하고자 하는 선교지와 관련 있는 찬양이나 간증을 훈련생들이 미리 듣게 한다. 그리고 성지순례를 다녀와서는 반드시 느낀 점과 깨달은 점을 서로 나누게 하는데, 이를 통해 나는 훈련생들 사이의 관계가 한결 편안하게 회복되는 것을 보곤 한다.

제자훈련의 목적은 지식이나 정보를 축적시키는 것에 있지 않다. 오히려 지성보다 감성과 영성에 집중하는 편이라고 할 수 있다. 개인적인 훈련의 강도가 높고 성경 지식이 많다고 해서 '작은 예수'가 될 수 있겠는가? 아무리 개인적인 영성이 뛰어나고 아는 것이 많다고 해도, 서로 소통하는 것보다 더 중요하지는 않다. 하나님과의 소통뿐만 아니라 함께하는 사람들 사이의 소통의 길이 막혀 있다면, 그 훈련은 형식만 그럴듯한 하나의 프로그램에 지나지 않을 것이다.

4. 야외 수업을 활용하라

우리 만남의교회에서는 제자훈련할 때, 책 한 권이 끝날 때마다 야외로 나가서 수업을 한다. 한번은 훈련생들과 유명 여행지로 1박 2일 여행을 떠난 적이 있는데, 그때 우리는 함께 밥도 해 먹고 자연스럽게 깊은 대화도 나누며 비로소 하나의 공동체를 이루었다.

다시 한 번 강조하지만, 훈련생들끼리 혹은 인도자와 훈련생 사이에 소통이 원활하지 않으면 훈련에 상당한 지장을 초래할 수밖에 없다. 이른 바 '은혜를 받지 못하는 것'이다. 그래서 야외 수업이나 여행과 같은 새로운 돌파구를 찾을 필요가 있다. 일대일의 만남 속에서 끊임없이 대화를 시도하고 이해를 구하며 때로는 용서를 구할 때, 소통의 문제는 자연스럽게 해결된다.

5. 눈치 있게 진심을 캐치하라

꼭 말로만 의사소통을 하는 것은 아니다. 말은 물론 표정이나 손짓, 몸짓 등 신체적인 언어 또한 의사소통의 도구가 된다. 따라서 우리는 언어 이외의 다른 요소들을 제대로 이해하지 못하면 때때로 상대방의 진심을 놓칠 수 있다.

심리학자 앨버트 메라비언(Albert Mehrabian)은 전체 의사소통의 7퍼센트만이 언어로 이루어지고 음조나 억양, 말투가 38

퍼센트, 표정과 몸짓, 자세 등 시각적인 요소가 55퍼센트를 차지한다는 연구 결과를 발표했다. 즉, 커뮤니케이션의 93퍼센트가 비언어적 형태로 이루어진다는 것이다. 따라서 상대방의 표정이나 몸짓, 억양이 무엇을 표현하고자 하는지 이해하는 것은 매우 중요하다. 어떤 사람이 입으로는 "맞아!"라고 대답했을지라도 행동이 그 반대라면 그것을 '맞다'라는 의미로 받아들이기는 어렵다.

이는 제자훈련을 할 때도 마찬가지다. 적절한 언어 표현을 통해 의사소통을 원활하게 해야 하지만, 동시에 비언어적 형태로 이루어지는 소통에도 주의를 기울여야 한다. 탁월한 능력과 카리스마를 통해 훈련을 잘 이끌어가는 목회자도 있겠지만, 대부분의 목회자들은 이러한 소통 훈련을 통해 비언어적 커뮤니케이션을 이해하는 능력을 기를 필요가 있다. 평소에 다른 사람들이 대화하는 모습을 유심히 관찰하는 것도 하나의 방법이 될 수 있다.

소통은 꼭 말을 잘, 그리고 많이 해야만 잘하는 것이 아니다. 오히려 듣는 것이 더 중요할 때가 많다. 상대방의 말을 잘 듣기만 해도 소통의 70-80퍼센트는 성공한 것이다. 특히 제자훈련을 인도하는 리더들은 경청의 중요성에 대해 깊이 생각해 봐야 할 것이다.

심리학자 스나이더(Sneider)는 다른 사람의 감정 상태를 정확히 파악하고 상대에 맞게 자신의 행동을 적절하게 조절할 수 있는 능력을 '자기 감찰'(Self-monitoring) 능력이라고 이름 붙였다. 쉽게 말해 '눈치'다. 한편, 나는 가끔 훈련생들에게 간단한 편지를 보내거나 과제물에 짤막한 멘트를 달아주곤 하는데, 이때 훈련생들이 매우 좋아하고 행복해 하는 것을 자주 본다. 그런데 이런 멘트를 달 때도 눈치가 중요하다.

교회 안에서 주님의 사역을 이끌어가고 헌신할 사람이 결국 훈련생들이라고 한다면, 훈련을 마칠 때까지 서로 신뢰하며 소통하는 일은 매우 중요하다. 그래서 제자훈련 인도자는 눈치도 빨라야 하고 상대방의 마음을 빨리 읽을 줄 알아야 한다.

흥해라 제자훈련, 피어라 작은 교회

제자훈련의 뒤안길을 회고해 볼 때 하나님의 역사와 섭리는 반드시 하나님이 원하시는 방법으로 일어난다. 그리고 하나님은 예수님의 피값으로 사신 교회를 통해 성도들의 삶이 변하기를 원하시는데, 이러한 과정 속에도 그분은 항상 그 중심에 계신다.

오늘날 한국 교회가 뼈아픈 내홍을 겪고 사회적 지탄을 받는 일들이 많은데, 이는 주님의 뜻대로 살지 못한 우리들의 잘못임을 스스로 시인해야 한다. 그러나 그럼에도 불구하고 역사의 주관자이신 하나님은 전 세계를 품고 계셨고, 한국 교회와 목회자들 그리고 성도들을 하나님이 원하시는 뜻대로 사용하셨으며 앞으로도 그렇게 하실 것임을 분명히 믿어야 한다.

제자훈련을 하다 보면 한 번 쯤은 지나온 날들을 돌아보아야 한다. 그리고 우리에게 허락하신 교회를 어떻게 건강하게 세워갈 것인지, 제자훈련 사역을 어떻게 이끌 것인지 등에 대해 총체적으로 점검해야 한다. 이 시점에서 나는 만남의교회의 제자훈련을 다시 한 번 돌아보고 앞으로 나아가야 할 방향에 대해서도 새롭게 점검해 보고자 한다.

대그룹의 변화를 시도하는 교회

나는 목회에 도움이 되는 세미나가 있다면 놓치지 않고 참석하는 편이다. 한번은 내가 소속된 교단 총회에서 주최하는 예배학교에 참석한 적이 있다. 그곳에는 지역 대표들이 주로 참석했는데, 아무래도 지역적인 영향력을 고려해서였을 것이다. 그런데 개인적으로 참 감사했던 것은, 예배학교에서 배우고 느낀 것들을 교회 예배에 접목할 수 있었다는 것이다.

보통의 제자훈련 교회는 아무래도 평신도 훈련 중심이다 보니 예배나 섬기는 일에 워낙 적극적이라, 굳이 예배 형식에 큰 변화를 주지 않아도 별 문제가 없다. 그런데 예배학교 참석 후 나는 교회 예배에 작은 변화들을 시도하면서 성령님의 임재를 뜨겁게 경험할 수 있었다. 만남의교회는 그 후 매주 색다른 예배를 드린다. 성만찬 예전과 찬양 중심의 예배, 전통 중심의 예배와 주제 중심의 예배, 그리고 세대 통합 예배와 간증 예배 등 다양한 예배를 통해 성도들의 영적인 회복과 성숙을 도모할 수 있었다.

소그룹으로 소통하는 교회

소그룹 중심의 목회는 과거 몇 십 년 전만 해도 이상한 목회라는 취급을 받았었다. 그런데 한국 교회의 전반적인 침체와

대형 교회나 중소형 교회들의 목회자 교체를 겪으며 두드러지게 나타나고 있는 것 하나가 바로 구역이나 목장, 다락방 등의 소그룹 모임에 대한 인식 변화다. 하지만 제자훈련 하는 교회들을 제외하고는 아직은 그렇게 활발하게 모여지지 않고 있는 것이 사실이다.

과거의 우리 문화는 담이 없는 문화였고 가족적인 문화였다. 그래서 이웃 간에도 자연스럽게 대화가 오고 가며 함께 음식을 나누는 따뜻함이 있었다. 그러나 지금은 같은 아파트의 같은 층에 사는 사람들끼리도 모른 척하며 지내기 일쑤며, 심지어 옆집에 누가 살고 있는지 관심조차 없다. 민족 고유의 놀이 문화는 온데간데 없고 혼자서 즐길 수 있는 컴퓨터 문화, 카톡 문화, 그리고 스마트폰과 게임 문화가 깊숙이 자리하고 있어, 다른 사람과 소통할 일이 현저히 줄어든 것이 사실이다.

초대교회는 가족적인 공동체를 가지고 있었는데, 그들은 늘 함께 모여 떡을 떼고 서로 나누며 기도하기를 힘썼다. 이 시대의 교회들이 반드시 회복해야 할 것이 있다면 그것은 초대교회 소그룹 공동체의 모습이다. 교회의 크기와 상관 없이 소그룹 공동체는 교회 내 소통을 위해서라도 반드시 회복되어야 한다.

나는 가끔 나의 목회를 돌아볼 때, 특별히 우리 교회가 목표로 하고 있는 전인적인 소그룹인 가정교회들을 유심히 살펴는 편이다. 그리고 그 중에 잘 모여지지 않는 가정교회가 있다면 객관적인 반성과 함께 특단의 조치를 내려, 다시 회복되는 데 힘을 기울인다. 뿐만 아니라 매년 한 번씩은 가정교회 조직에 변화를 주고 있다. 대부분의 교회들이 보통 연말이나 연초에 조직을 보완하는 편인데 나는 그렇게 하지 않는다.

한편, 역사가 오래된 교회일수록 소그룹의 변화가 더욱 필요하다. 자칫 소그룹의 구성원들이나 리더가 매너리즘에 빠질 수 있기 때문이다. 이는 소그룹 리더로 임명된 지 너무 오래되어서이기도 하지만 리더가 나태해져 자기 변화를 시도하지 않아서이기도 하다. 변화가 시급한 또 하나의 경우는 소그룹 구성원들의 수가 늘어나기는커녕 오히려 줄어들고 있을 때이다. 그리고 이렇게 변화를 주려고 한다면 어느 정도 과감하게 손질할 필요가 있다. 그 길만이 불통의 시대에 소통하는 공동체, 살아있는 교회로 만들 수 있다.

지역사회와 함께하는 교회

과거에는 불신자들이 교회에 제 발로 찾아왔다. 그래서 일단 예배당을 짓고 어느 정도 시간이 지나면 저절로 교인들이 늘어나기도 했다. 하지만 지금의 현실은 그렇지 않다. 오히려 기독교를 비하하고 폄하하는 반기독교 세력들이 왕성하게 활동하고 있고, 각종 이단들이 판 치고 있는 것이 사실이다. 그리고 과거에 교회에서 마음만 먹으면 쉽게 할 수 있었던 문화센터나 지역아동센터도 이제는 갈수록 어려워지고 있다. 학원법이나 기본 규정이 예전보다 까다로워졌기 때문이다.

　이러한 현실 앞에 이제는 교회도 지역사회와 함께 가야 한다. 그렇지 않으면 교회는 점점 힘들어 질 수밖에 없다. 물론, 어느 정도 규모가 있는 교회들은 지역사회를 위해 대안학교도 세우고 각종 편의 시설을 제공하고 있기는 하다. 그러나 아직은 많은 교회들이 그렇게 하고 있지는 못한 실정이다. 이는 경제적인 어려움과 인원 부족의 어려움도 있지만, 교회가 아닌 다른 단체나 사설 학원에서 이미 시행하고 있기 때문이기도 하다. 이제는 교회가 지역사회의 필요를 파악하고 교회만이 감당할 수 있는 사역들을 찾아야 한다. 이를 위해 나는 몇몇 세미나를 통해 다양한 자료를 수집하고 있고, 관련 법 규정도 미리 연구하고 있다.

　세상은 정말이지 급속도로 변하고 있다. 그러나 하나님의 역사하심과 도우심은 지금도 여전히 계속되고 있다. 교회는 그동안 지역사회를 품지 못하고 함께하지 못했던 부분을 회개해야 한다. 그리고 지역사회를 변화시키고 지역 주민들을 교회로 찾아오게 만들 수 있는 사역들을 끊임없이 연구해야 한다.

평신도 사역의 장을 확대하는 교회

과거의 목회는 가난의 목회였고 배고픔의 목회였다. 그리고 목회자 혼자서도 얼마든지 감당할 수 있는 심플한 목회였다. 그러나 지금은 그런 시대가 아니다. 평신도의 학력 수준이 갈수록 높아지고 있고, 그에 따라 그들의 전문적인 지식을 목회자가 따라가기 힘든 실정이다.

한편, 직업의 흐름도 다각적으로 변하고 있다. 과거의 평생 직장이라는 개념을 이제는 찾아보기 힘들다. 작년까지 했던 일이 오늘 하는 일과 다를 수 있다. 이러한 시대와 직업 환경의 변화를 목회 현장에서도 잘 캐치해야 한다. 능력 있는 평신도들을 단순히 교회 심부름만 하게 하지는 말아야 한다. 이미 그런 시대는 지났다.

나는 교회 안에 평신도 리더들을 꾸준히 세워가고 있다. 물론, 이들은 대부분 제자훈련을 통해 준비된 사역자들이다. 한편, 이렇게 훈련된 사역자들이 훈련의 실제를 경험하며 마음껏 사역할 수 있는 장이 없다면, 제자훈련 수료증은 어느새 장롱 안의 면허증 신세가 되고 만다. 이처럼 평신도 사역자들에게 각 사람의 은사와 능력에 적합한 사역의 장을 마련해 주어야 한다는 것은 아무리 강조해도 지나치지 않다.

간증 5

제가 참 복 있는 사람입니다

교회론반 과정을 통해 저는 신앙 생활에 얼마나 충실했는지를 되돌아 볼 수 있었습니다. "사도의 가르침을 받아 서로 교제하고 떡을 떼며 오로지 기도하기를 힘쓰니라"(행 2:42)는 말씀을 그대로 실천하시는 목사님의 열정적인 모습이 감동적이었습니다. 성도들 한 사람 한 사람을 배려하며 잘 이끌어 주신 덕분에 단 한 명의 낙오자 없이 수료할 수 있었습니다.

이번 과정에서는 교회가 어떻게 세워졌는지 교회의 본질이 무엇인지에 자세히 배울 수 있었습니다. "여러분은 자기를 위하여 또는 온 양떼를 위하여 삼가라 성령이 그들 가운데 여러분을 감독자로 삼고 하나님이 자기 피로 사신 교회를 보살피게 하셨느니라"(행 20:28)는 말씀을 보며, 나는 예수님의 피 값으로 세워진 교회를 과연 내 생명처럼 아끼고 사랑하는지에 대해 자문하는 시간을 가졌습니다. 그리고 교회는 하나여야 하고 거룩해야 하고 보편적이어야 하며, 또 함께여야 함을 분명히 알 수 있었습니다. 그 과정에서 나는 나의 잘못된 편견이나 성급한 말로 누군가에게 상처를 준 적이 없었는지 돌아보고 회개하는 시간도 가졌습니다.

교회는 하나님을 위해, 세상을 구원하기 위해, 성도를 양육하고 훈련하기 위해, 서로 떡을 떼며 기도를 계속하기 위해, 말씀을 가르쳐 지키게 하기 위해 존재한다고 배웠습니다. 이를 실천하는 교회가 바로 우리 만남의교회임을 다시 한 번 더 깨우치게 되었고, 그런 교회에 몸담고 있는 제가 참 복 있는 사람이라는 것을 느꼈습니다.

또한, 교회를 분열시키는 이단에 대해서도 구체적으로 배울 수 있었습니다. 개인적으로 이단에 빠져 있는 사람들을 가까이서 본 적 있는데, 그때는 교회에 대해 아무것도 모르던 때라 이단을 포함한 교회 전체에 대한 인식이 좋지 않았었습니다. 이렇게 이단으로 인해 건강한 교회들조차 곱지 않은 시선을 받을 때 하나님이 얼마나 노하셨을지 요한계시록의 말씀을 통해 엿볼 수 있었습니다.

교회론반을 통해 저는 저의 신앙생활을 점검하고 새롭게 설계할 수 있는 좋은 계기를 얻었습니다. 열심히 가르쳐 주신 목사님과 함께 훈련받은 성도들께 다시 한 번 감사드립니다.

간증 6

우리가 진짜 교회입니다

적지 않은 삶의 여정을 되돌아볼 때 하나님의 섭리와 은혜 아닌 것이 없지만, 2006년 여름은 제 인생에 하나의 굵은 획을 긋는 하나님의 강권적이고도 전폭적인 사랑의 간섭 그 자체였습니다. 녹음짙은 신록의 6월에 만남의교회로 온 부족하고 보잘것없는 저는, 목사님과 성도들의 기도와 격려 속에서 바나바 김 권사님과의 만남을 시작으로 양육반, 영성반, 교회론반까지 모든 과정을 은혜롭게 마칠 수 있었습니다.

지난 6개월 동안 가장 바쁘고 행복한 청년기를 보낸 것 같아 감격스럽습니다. 영성반에 들어감과 동시에 나의 모나고 뒤틀렸던 자아는 마치 소금에 잘 절여진 배추잎처럼 숨을 죽였고, 중보기도 세미나를 통해 부족한 신앙이 한걸음 더 성숙할 수 있었으니, 하나님의 이 기막힌 계획하심과 인도하심 앞에 저는 감사할 따름입니다. 힘들고 어려운 상황은 그대로인데 내 안에 넘치는 기쁨과 평안은 어찌됨인지, "주는 그리스도시요 살아 계신 하나님의 아들이시니이다"라는 베드로의 고백이 이제는 저의 고백이 되었습니다.

매 예배에 선포되는 귀한 말씀과 함께, 소그룹을 통한 계속적인 교육은 제 삶을 변화시키기에 충분했습니다. 처음에는 가정교회라는 명칭이 다소 생소했습니다. 그런데 얼마 후 저는 이 가정교회가 가장 성경적이고 모범적인 소그룹이며, 만남의교회를 건강한 교회로 세우는 든든한 버팀목임을 알게 되었습니다. 맡겨진 임무를 묵묵히 섬김으로 감당하시는 리더들에게서, 저는 훈련받은 자만이 가질 수 있는 아름다움을 보았습니다. 기도와 말씀 안에서 함께 섬기고 나누며 하나의 작은 교회를 세워나가는 가원들을 통해 받은 은혜는 또 얼마나 컸는지 모릅니다.

저는 가정교회를 통해 이 땅에서도 천국을 누리는 기쁨을 느꼈습니다. 예수 그리스도를 주라고 고백할 수 있는 제가 바로 교회라는 것도 깨달았습니다. 예수 그리스도의 피값으로 사신 우리 모두가 교회였습니다. 곳곳에 세워지는 교회를 통해 하나님의 열심과 섭리를 깨달았고, 교회에 주시는 말씀을 통해 하나님의 역사하심을 보았습니다. 하나의 교회된 나의 삶이 이제는 정말 하나님의 영광만을 위해 살아갈 수 있기를 간절히 소망합니다.

부족한 저를 만남의교회로 보내시고 목사님의 열정적인 양육과 교육을 받게 하셔서, 내 안의 쓴뿌리들을 어루만지시고 다듬어 가신 하나님을 찬양합니다. 때로는 강하게 때로는 부드럽게 사랑으로 보듬어 주시고 이끌어 주시며 격려를 아끼지 않으셨던 목사님! 감사합니다. 그리고 사랑합니다.

간증 7

주의 은혜로 여기까지 왔습니다

　바나바 사역부터 영성반에서 성장반까지 정말이지 쉼 없이 달려온 것 같습니다. 한 단계 한 단계 밟아 갈수록 저의 믿음도 조금씩 자랐으며 주님에 대한 생각과 태도도 많이 바뀐 것을 느낍니다. 육신이 피곤할 때 말씀을 들으면, 피곤한 몸은 어디가고 어느새 기쁜 마음에 발걸음이 가벼워지곤 했습니다. 그래서 주일예배부터 수요예배, 새벽예배까지 어떤 말씀을 주실지 기대하는 마음으로 매 예배에 임하게 되었습니다. 지금 생각하면 그 모든 것이 하나님의 특별한 인도하심이고 은혜라는 생각이 듭니다.

　특히 성장반 첫 수업을 잊을 수가 없습니다. 그날 갑자기 남편에게서 몸이 아파서 입원을 해야겠다는 연락이 왔습니다. 저는 기다리던 수업을 갈 수 없다는 생각에, 주님께 몇 번이나 기도를 드렸습니다. 한마디로 떼를 썼습니다. 그런데 퇴근 후 남편에게 가려고 병원 위치를 물었더니, 남편은 이제 괜찮아져서 집에 왔다며 수업 있을 테니 교회 갔다가 오라고 하는 것이었습니다. 어찌나 좋던지 감사의 기도가 절로 나왔습니다. "주님! 너무 너무 감사해요!" 그렇게 아슬아슬하게 참석했던 그 수업은, 유난히 은혜가 넘쳤던 기억이 납니다. 목요일 성장반 수업과 금요일 가정교회가 연일 늦은 시간까지 이어져 한편으로 가족들에게 미안한 마음이 들었습니다. 하지만 저의 작은 노력들과 성령님의 도우심으로 가족들의 적극적인 지원을 받아 마지막 수업까지 무사히 마칠 수 있었습니다.

나는 수업에 참여하는 동안, 가족들에게 그리스도인으로서의 본을 보이려고 노력했습니다. 한번은 과제 수행을 위해 남편의 발을 씻어 준 적이 있었습니다. 그때 생각보다 남편이 좋아하는 모습을 보며, 예수님이 자신을 낮추어 낮은 모습으로 제자들을 섬기신 것처럼 저 역시 그런 예수님을 닮아 섬기는 삶을 살아야겠다고 다짐했습니다.

아침에 일어나서 기도로 하루를 시작했고 직장에 도착해서도 제일 먼저 기도함으로 업무를 시작했습니다. 그리고 시간이 나는 대로 기도와 말씀에 집중하려고 노력했습니다. 특별히 운전할 때는 성경구절을 암송했는데, 훈련을 받는 동안 받은 말씀들이 암송을 통해 진짜 내 것이 된 것 같아 뿌듯했습니다. 그때는 하루 24시간이 부족하게 느껴졌기에, 그만큼 보람 있고 알차게 시간을 썼던 것 같습니다.

한편, 목사님을 떠올리니 어느새 눈시울이 뜨거워집니다. 목사님의 목요일 일과는 새벽예배부터 3개의 성장반 수업까지 빼곡했던 것 같습니다. 각 반마다 수업 시간이 기본 3시간이었으니, 얼마나 힘드셨을지 생각하면 괜히 죄송한 마음이 듭니다. 그럼에도 목사님은 늘 웃는 얼굴로 감동과 열의가 넘치는 수업을 해주셨습니다. 목사님이 말씀과 사역 훈련을 통해 그렇게 외치시던 메시지를 이제야 조금씩 알 것 같습니다. 이제는 목사님께 철부지 훈련생이 아닌 든든한 믿음의 동역자로 힘이 되어 드리고 싶은 마음입니다.

사랑과 은혜가 넘치는 살아계신 나의 하나님! 기쁨과 열정 속에 성장반 수업을 마치게 해주심을 진심으로 감사드립니다. 오직 주님의 사랑으로 여기까지 왔습니다. 부족한 제가 앞으로 주님을 더 깊이 알아갈 수 있도록 성령께서 인도해 주시기를 기도합니다.

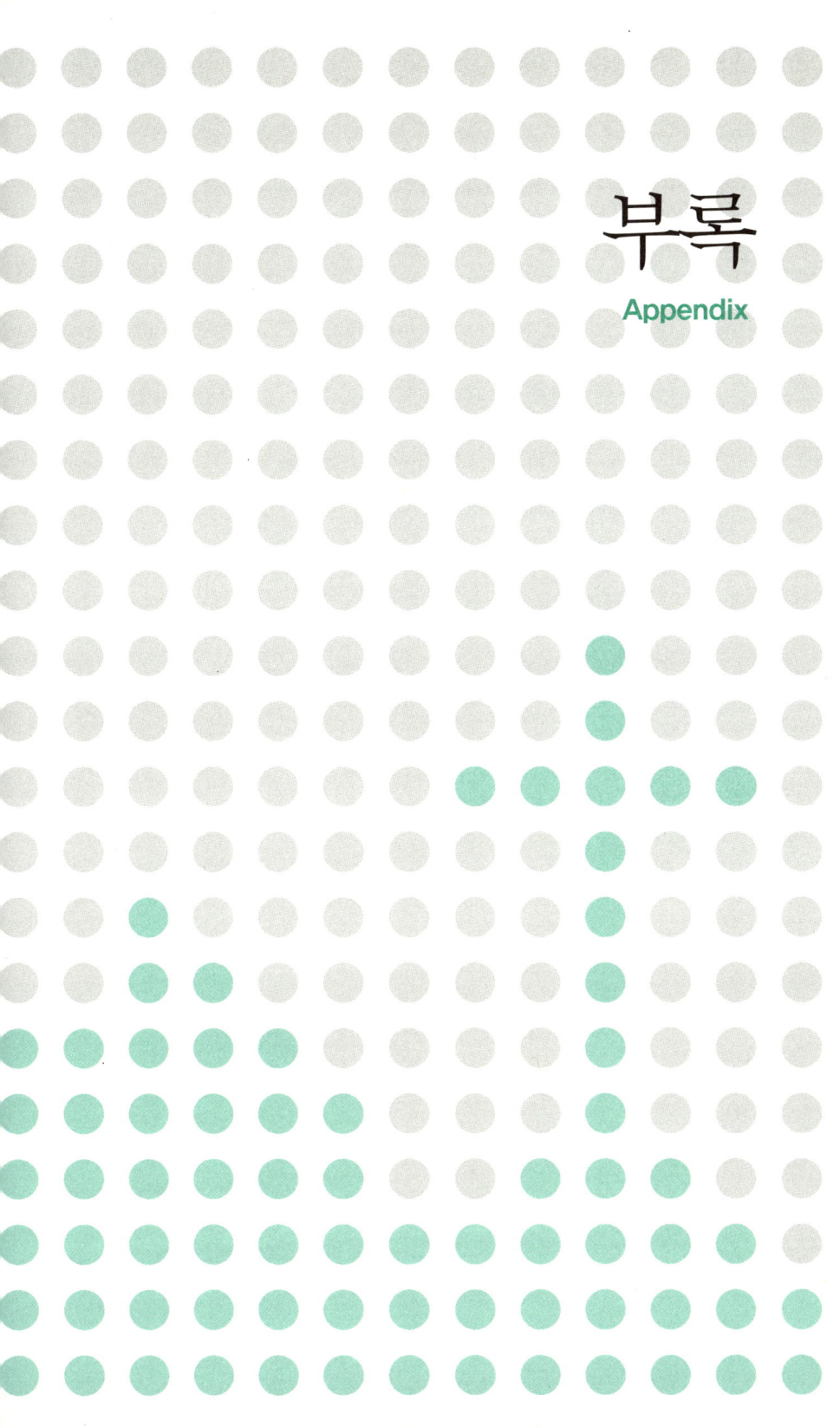

부록
Appendix

「디사이플」(2007년 12월호)에 소개된 만남의교회 이야기

물은 99°C에서 끓지 않는다

특별한 후원없이 개척한 교회는 살아남기조차 힘든 현실 속에서 지난 8년간 만남의교회가 기록한 내·외면적 성장과 성숙은 가히 놀라울 정도이다. 광주 만남의교회는 어떻게 이런 놀라운 열매를 거두어들이게 된 것일까? 이제 강정원 목사와 만남의교회 목회현장을 둘러보며 함께 그 이유들을 찾아보도록 하자.

만남의교회는 1999년 11월 27일, 상가 건물 2층 32평을 임대해서 2003년 7월까지 상가 건물에서 예배드렸다. 그 후 개척 3년 9개월 만인 2003년 8월 30일에 286평 대지에 160평 건평의 1층짜리 독립건물 예배당으로 입당했다. 그리고 2006년 11월 25일에 2차 건축을 완료하고, 2007년 7월 24일까지 증축을 완료해 450석 규모의 본당을 갖춘 현재의 예배당을 완공했다.

변화를 위해 끓는 점까지 최선을 다하다

물은 100°C에 이르지 않으면 결코 끓지 않는다. 증기기관차는 수증기 게이지가 212°C를 가리켜야 움직인다. 99°C, 211°C에서는 절대로 변화가 일어나지 않는다. 고작 1°C 차이일 뿐인데도 말이다. 제자훈련 목회도 마찬가지다. 사람을 변화시키는 제자훈련 사역은 집요함을 요구한다. 마지막 1%의 정성과 헌신이 제자훈련 목회의 성패를 좌우하는 것이다.

강정원 목사는 CAL세미나를 수료하고 나서 세미나 테이프를 수십 번 암기할 정도까지 반복해서 들었다. 뿐만 아니라, 제자훈련 지도자 컨벤션, 제자훈련 체험학교, 소그룹사역컨설팅, 고양 화평교회 · 광주 첨단교회 · 평택대광교회 탐방세미나, 대각성전도집회세미나, 사역훈련지도자컨설팅 등 국제제자훈련원이 제공하는 제자훈련 목회관련 세미나에 개근하다시피 참여하며 제자훈련 목회에 혼신의 힘을 쏟아 부었다. 그것은 강 목사 자신과의 싸움이기도 했지만 제자훈련을 실패하지 않기 위한 몸부림이었고, 본대로 실시하겠다는 의지의 표현이었다. 강 목사에게 제자훈련은 "한 번 해볼까?"가 아닌, "바로 이것이다. 이것 아니면 안 된다"는 비장한 각오였다. 그랬기 때문에 9명으로 시작된 1기 제자훈련에서부터 아무런 탈락자 없이 은혜롭게 수료하는 기쁨을 맛볼 수 있었다.

"훈련생들이 결석하는 일이 거의 없었어요. 부득불 결석할 수밖에 없는 경우에는 보충학습을 실시하여 수료하게 했습니다. 지금도 그때 그 훈련은 평생 잊을 수 없는 훈련으로 기억됩니다. 하나님은 준비된 만큼 역사하시는 분이라는 것을 절절이 체험했거든요." 마지막 끓는 점까지 최선을 다한 강 목사의 고백이다.

양육과 훈련이 교회의 문화가 되게 하다

2007년 11월 현재, 만남의교회는 제자훈련 6기를 진행하고 있다. 국제제자훈련원에서 제공하는 CAL프로파일 교회진단 결과, 97%의 성도들이 제자훈련에 대해 자연스러움을 표했고, 제자훈련만이 목회다운 목회라고 평가하며 자부심을 갖고 있다. 양육과 훈련이 교회의 문화로 자리 잡은 것이다.

이렇게 제자훈련 목회가 교회의 문화로 자리 잡기까지는 원칙을 고수하는 담임목회자의 끊임없는 몸부림과 헌신이 필요하다. 제자훈련을 교회 내에 정착시켜가는 과정에서 담임목회자가 한두 번 정에 이끌려 원칙을 유보하기 시작하면, 제자훈련이 변화의 원리로 자리 잡기도 전에 변질되기 시작하며, 지금까지 여느 교회에서나 진행해오던 성경공부 과정의 하나로 전락해버리는 것을 보게 된다.

만남의교회에도 원칙을 유보시켜야 하는 위기가 찾아온 적이 여러 번 있었다. 한번은 수료를 앞둔 3권 마무리단계에서 한 훈련생을 탈락시켜야 하는 경우가 있었다. 남편이 병원에 장기간 입원하는 일이 발생한 것이다. 아내가 남편 곁에서 간호하지 않으면 안 될 상황이었고, 결국 남편은 하나님의 부르심을 받았다. 급기야 남편을 떠나 보낸 상실감을 가슴에 안고 제자훈련 수료식을 지켜봐야 하는 상황에 이르렀다. 얼마나 괴롭고 힘이 들었겠는가? 한 영혼이 상처받지 않게 하기 위해서는 제자훈련의 원칙을 유보시켜야만 하고, 제자훈련의 원칙을 고수하기 위해서는 한 영혼에게 상처를 입혀야 하는 상황이 발생한 것이다.

강 목사는 기도하는 가운데 원칙을 고수하면서도 한 영혼이 상처입지 않도록 '솔로몬의 선택'을 내렸다. 어려운 상황이었지만 제자훈련의 원칙을 유보시킬 수 없어 일단은 다음 기수 때 재도전하도록 권면하고, 그 훈련생을 있는 힘을 다하여 섬겼다. 그 결과 그 성도는 마음을 추슬렀고, 교회 안의 다른 봉사를 감당하게 되었으며, 제자훈련을 처음부터 다시 시작하겠다는 결단을 내렸다. 자칫 마음에 큰 상처를 안고 교회를 떠나버리거나, 제자훈련의 원칙을 무너뜨려야 할 위기 상황에서 강 목사는 은혜롭게 원칙을 지켜내었던 것이다.

그렇다고, 원리원칙만을 강조하고 적용한다고 해서 제자훈련이 교회의 문화로 자리 잡게 되는 것은 아니다. 정착과 양육 과정을 통해 '왜 제자훈련을 받아야 하는가'에 대한 분명한 성경적 기초를 쌓고 비전을 공유하기 때문에 성도들 스스로 제자훈련에 발을 들여놓게 만들어가고 있다. 또한 매월 넷째 주 낮예배 시간에 각종 양육·훈련과정의 입학식, 수료식을 갖는데, 매번 두세 사람을 선별해서 받은 은혜를 간증하게 하고 있다. 무엇보다도 제자훈련이 회를 거듭해갈 수록 성도들의 삶에 변화가 나타나고, 그 변화는 삶의 질을 높여주는 쪽으로 선한 영향력을 미치게 되기 때문에 먼저 수료한 선배들이 다음에 훈련을 받을 만한 사람들에게 적극적으로 양육과 제자훈련을 추천해주고 있다.

27년째 신앙생활하고 있는 김성임 집사는 만남의교회의 양육·훈련을 통해 말로 할 수 없는 유익을 누렸다고 고백한다. "기초양육과정부터 교회의 비전, 목사님의 목회철학에 대해서 알려주기 때문에 교회를 알아 가는데 도움이 되었습니다. 강정원 목사님은 늘 '내가 할 수 없는 것이지, 주님이 할 수 없는 것이 아닙니다'라고 말씀해주세요. 굉장히 긍정적이신 분이세요. 안 된다는 것이 없는 분이세요. 칭찬해주시고, 긍정적으로 대해주시는 것이 처음에는 어색하기도 했는데, 어느 날 보니까 저도 똑같이 그런 모습이 되어 있더라구요. 제가 신앙생활을 상당히

오래했지만 밖에 나가서 예수 자랑, 교회 자랑, 성도 자랑, 목사님 자랑을 못했었는데, 만남의교회에 와서 양육과 훈련을 받으면서 그런 사람으로 바뀌었습니다. 이제는 어디를 가나 예수 자랑, 교회 자랑, 목사님 자랑, 성도 자랑을 합니다."

2005년 대각성전도집회 몇 주 전부터 만남의교회에 출석하여 지금은 제자훈련을 받고 있는 임미영 성도는 이렇게 고백한다. "2년 동안 제가 제일 많이 변한 것 같아요. 예수님 믿기 전에는 정말로 세상만 바라보고 살았더랬습니다. 남편은 현모양처를 원했는데, 저는 이틀만 집에 있으면 병이 나는 스타일이었습니다. 그래서 거의 매일 쇼핑 가고, 사우나하고 세상 돌아가는 구경만 하고 살았지요. 그런데 지금은 세상보다 교회가 더 재미있습니다. 엊그제 동생들과 만남이 있어서 다녀왔는데, 옛날에 재미있던 것들이 하나도 재미가 없고 빨리 집에 오고 싶은 거예요."

이처럼 만남의교회 안에는 양육과 훈련에 대해 이른바 '입소문'이 나 있다. 그 결과 모든 과정에 다음 기수에 등록하기를 원하는 대기자들이 생겨나게 되었으며, 양육과 훈련은 만남의교회에 잘 박힌 못과 같이 문화가 되기에 이르렀다. 한순간의 '소낙비'보다 무서운 것이 줄기차게 내리는 '가랑비'다. 만남의교회는 제자훈련과 소그룹 목회에 대한 강 목사의 줄기찬 '가랑비' 전략에 젖어 들어 제자훈련이 교회의 문화로 자리 잡게 된 것이다.

'돈 가뭄'보다 더한 '사람 가뭄'을 극복해내다

그러나 오늘날의 만남의교회가 되기까지의 과정에는 수많은 눈물과 애통함으로 지샌 불면의 밤이 있었다. 강 목사는 부교역자로 섬기던 교회에서 후원 받아 개척한 것이 아니었기 때문에 재정적으로도 순탄하지만은 않았다. 개척 후 3년 동안은 교회에서 생활비조차 받지 않았다.

그러나 그가 개척하면서 가장 서럽고 힘들었던 것은 돈이 없는 '돈 가뭄'이 아니었다. 제자훈련 시킬 만한 사람, 일을 맡길 만한 사람이 없는 '사람 가뭄'이었다. 보편적인 성도들은 개척 교회보다 안정된 교회, 부담 없는 교회를 선호한다. 만남의교회도 돈 가뭄, 사람 가뭄이 차별 없이 찾아 드는 개척 교회였지만 강 목사는 여느 목회자처럼 가만히 앉아 기도만 하고 있지 않았다. 개척 초기, 강 목사는 먼저 전도에 몰두했다. 창립예배를 드리기 한 달 전부터 지역을 돌며 교회를 알렸고, 전단지를 돌리면서 지역 곳곳에 교회 이정표를 세웠다. 강 목사의 마음에 '우리의 중심을 보시는 하나님이 불쌍히 여기셔서 교회에 사람을 보내 주실 것이다'라는 확신이 있었기 때문이다.

그도 한 때 '혹시 이동 교인이라도 올까' 하는 마음을 가져

보기도 했지만 믿지 않는 사람들이 넘쳐나고 있는 이 시대에 목회자부터 전도에 나서야 한다는 마음의 부담을 지울 수가 없었다. 새로운 아파트가 입주할 때가 되면 어김없이 한 달 전부터 현장에서 전도지를 뿌리면서 전도했다. 그 결과 교회 창립예배부터 1년 8개월간 매주 등록교인이 등록하는 기적이 일어났다. 교인이라고는 가족밖에 없이 교회를 개척하여 창립예배를 드린 첫 주일부터 하나님께서는 생전 알지 못한 성도 두 명을 보내주셨다.

개척한지 8년이 지난 현재도 만남의교회에 등록하는 성도들은 80%정도가 새신자이다. 이렇게 회심 정착률이 높은 이유도 강 목사의 목회방향에서 그 원인을 찾을 수 있다. "목회를 하다 보니까 기존 성도들 곁에는 전도해올 사람이 새신자들 보다 훨씬 적습니다. 하지만 새신자 옆에는 계원들, 친구들 해서 불신자들이 주렁주렁 연결되어 있습니다. 그러니 주변에 전도대상자들을 달고 다니는 새가족들에게 기존 교인들 못지않게 관심을 두게 되었지요. 주일 설교도 새가족들에게 맞는 포인트로 쉽게 설교하려고 노력을 많이 합니다. 이미 신앙을 가진 분들이 등록하면 '우리 교회는 새가족들을 많이 염두하고 설교하니까 이해해달라'고 합니다."

새가족이 정착할 수 있는 환경과 여건을 만들다

오늘날 전도의 열정이 살아있는 교회라 할지라도 등록한 성도를 제대로 정착시키지 못해 교회성장의 열매를 맺는데 까지 나아가지 못하는 교회들이 많이 있다. 그러나 만남의교회는 새가족이 등록하고 나면 시냇가에 심은 나무처럼 깊이 뿌리내리도록 돕는 환경과 여건을 만들어내었다. 만남의교회에 새가족이 등록을 하면 곧바로 바나바가 5주간의 섬김을 시작한다. 강 목사를 통해 성장반까지 양육을 받은 성도들 중에서 인격을 우선적인 조건으로 선발한 22명의 훈련받은 바나바들이 교회에서 한번, 새가족의 집에서 한번, 바나바의 집에서 한번, 야외에서 한번, 전도해온 사람과 한번, 이렇게 5번을 만나 정착을 돕는다.

만남의교회가 2003년 8월 30일 첫 번째 교회 건축을 마무리하고 얼마 지나지 않아 두 번째 교회 건축을 결정한 이유도 장기적인 관점에서 새가족들이 정착할 수 있는 교회 환경을 마련하기 위한 것이었다. 그 무렵, 교회 앞 야산과 교회 뒤편에 아파트가 들어온다는 이야기를 들었다. 만남의교회가 증축을 하지 않는 이상 교회만 1층 건물이어서 초라하게 보일 수 밖에 없는 상황이 된 것이다. 어려운 결정이었지만 성도들과 함께 교회를 새롭게 건축하기로 결정하고, 아파트 입주날짜에 교회 완공날짜를 맞추어 종탑부분부터 높인 현재의 건물을 완공하게 되었다.

새롭게 들어설 아파트에 어느 연령층이 많이 들어올 것으로 예상하는지 동사무소에 가서 확인해본 후 교회건축의 컨셉을 '3~40대가 머물 수 있는 곳'으로 정하고 접근해갔다. 그 결과 3~40대의 문화, 그들이 좋아하는 곡, 그들이 가는 쇼핑 공간, 그들이 사는 아파트 실내 인테리어를 고려해 교회 구석구석을 디자인했다. 그 한 예가 1층 로비에 있는 스튜디오급 새가족 환영사진 촬영장소이다.

"3~40대 신세대 가정들을 위한 수준 높은 서비스를 제공해주고 싶었어요. 그래서 전동 스크린 배경과 조명시설이 갖추어진 곳에서 전문사진사 성도의 봉사로 스튜디오급 새가족 환영사진을 촬영해 선물로 제공해주기 시작했지요. 사실 큰 비용 들이지 않은 장비들인데, 성도들이 큰 선물을 받은 것처럼 기뻐하는 모습을 보면 저도 한 없이 기쁘답니다." 강 목사의 말이다.

양육단계에서 매 과정을 수료할 때마다 엠티를 떠나는 것도 3~40대의 필요를 고려한 결정이었다. "대학생 자녀를 두었거나 자녀를 시집장가 보내야 할 연배로 넘어가는 40대 중후반의 연령대와는 달리, 3~40대는 아이들 키우느라 집에만 매여 있는 연령대이지요. 그런 분들이 마음 맞는 성도들과 함께 한번씩 여행을 떠나면 가슴이 시원해져요. 그것이 3~40대입니다."

교회정착을 돕고자 애쓴 강 목사의 수고가 있어서일까? 지금도 만남의교회에는 3~40대의 젊은 성도들이 많이 전도되어 온다. 최고의 아이스하키 선수 웨인 그레츠키가 "나는 퍽이 있는 곳으로 가지 않습니다. 나는 퍽이 다음에 튈 곳으로 갑니다"라고 이야기한 것처럼 강 목사는 자신과 만남의교회가 섬기는 지역사회가 변화해가는 것을 미리 앞서가며 영혼들이 정착하고 자라날 수 있는 환경과 여건을 마련하고자 애썼던 것이다.

일을 만들기 전에 일꾼을 먼저 만들다

많은 개척 교회의 경우 소수의 일꾼들이 너무나 많은 일을 해야 하는 상황이 여러 해 반복되면서 성도들도 탈진하고, 탈진한 성도들을 바라보는 목회자도 낙심하는 경우를 쉽게 발견한다. 개척 교회일수록 목회자의 에너지를 고도로 집중시켜 일꾼을 길러내는데 투자해야 하는데, 너무 많은 일을 벌여놓아 정작 성장을 소화해낼 수 있는 미래지향적 구조를 갖추지 못하는 실수를 저지르는 것이다.

이런 일반적인 개척 목회자들과는 달리 강 목사는 개척한 이후 3년 동안 구역편성을 하지 않았다. 구역을 맡아 이끌어줄 리더가 준비되지 않았기 때문이다. 위험하기는 했다. 성도들 사이에서 구역을 조직해야 한다는 요구도 많았다. 그래도 강 목사는 3년간 구역조직을 편성하지 않았다.

그렇게 했던 이유는 엉거주춤 구역조직을 편성해두고 나면 훈련된 지도자가 배출되었을 때 기존의 구역장을 그만두게 할 수도 없고, 그만두게 할 경우에는 마음에 상처를 줄 수도 있다는 것을 너무나 잘 알고 있었기 때문이다.

그래서 3년 동안은 구역을 조직하지 않고, 교회조직을 단순화시키는 동시에 정착과 양육 과정 소그룹에 모든 성도들을 편성하여 일꾼이 될 만한 제자들을 길러내는데 집중했다. 그리고 마침내 제자훈련생들이 배출되어 나오기 시작하자 준비기간을 두고 소그룹(가정교회)을 이끌어갈 가장으로 세웠다. 그 결과 현재는 전 성도들의 90%가 소그룹에 정기적으로 참여하는 소그룹 중심의 교회가 되었다.

강 목사는 이렇게 말한다. "조금 더디더라도 제자훈련이라는 목회 방향이 세워졌으면 교회를 이끌어갈 평신도 지도자를 길러내는데 초점을 맞추고, 누구를 지도자로 세워야 건강한 교회를 세울 수 있을지를 생각해야 합니다. 저는 만 3년 동안은 새가족을 정착시키고 양육하여 평신도 지도자를 세우는 데에만 전념했습니다. 제자훈련에 바탕을 둔 소그룹 중심의 교회는 결코 하나의 구호로 이루어지는 것이 아니며, 큰 현수막을 붙여놓고 외친다고 이루어지는 것도 아닙니다. 제자훈련을 통해 소그룹을 이끌어갈 수 있는 평신도 지도자들을 배출해야 가능한 사역입니다."

개척한지 8년이 지난 지금도 강정원 목사의 주간 스케줄은 양육과 훈련으로 꽉 들어차있다. 주일 오후 1시 30분부터 4시까지는 가장·총무 모임을 인도하고, 화요일 오전에는 여제자반, 화요일 저녁과 수요일 오전에는 여성장반, 목요일 저녁에는 직장인 성장반, 금요일 오전에는 바나바 사역자 모임을 각각 인도하고 있다. 그리고 이제 곧 주일 저녁 남제자반을 시작할 예정이다. 매주 7개의 소그룹 모임을 인도하고 있는 것이다. 가히 제자훈련 목회에 미쳐있다고 해도 지나치지 않을 정도이다.

강 목사가 이렇게 양육·훈련 사역에 시간을 집중적으로 투자하면서도 탈진하지 않는 이유는 강 목사가 훈련시켜놓은 평신도 지도자들이 심방 사역을 담당해주는 작은 목사들이 되었기 때문이다. "섬겨주고 챙겨주는 것은 전도자, 바나바 사역자, 소그룹(가정교회)에서 많이 해 주고 있습니다. 그래서 목사가 심방도 하지만 심방 사역에 주력하지 않고, 양육과 훈련 사역에 몰두할 수 있지요. 성도들이 정착하도록 돕는 사역은 자동적으로 이루어져버리니까 정말 목회자가 아니면 안 되는 사역인 양육과 훈련 사역에 더 집중할 수 있는 것 같아요."

마르지 않는 창조성의 샘물을 길어 올리다

오늘날 많은 교회들이 소그룹 사역을 강조하고 있다. 그러나 진정한 소그룹 중심의 교회는 구호나 생각만으로 구현되지 않는다. 만남의교회가 전성도의 90%가 소그룹에 정기적으로 출석하는 소그룹 중심의 교회가 될 수 있었던 이유는 무엇일까?

강 목사는 7년 동안 부목사로 섬겼던 교회에서 담임목사의 구역 활성화 방향에 따라 부교역자로서 지역별 성경공부를 만들어 삶을 나누고 느낀 점을 나누는 시도를 하면서 상당한 변화를 경험했다. 그래서 강 목사는 '내가 만약 개척을 하면 소그룹 중심의 교회로 가야겠구나'라고 생각했다. 그 이후 소그룹 사역과 관련된 책을 읽고, 국제제자훈련원의 소그룹 컨설팅과 한국소그룹목회연구원의 원데이, 투데이 세미나를 다녀오면서 소그룹과 대그룹이라는 두 날개 개념을 정리했다.

구역조직에 익숙해져 있는 성도들을 대상으로 변화가 경험되는 소그룹 중심의 교회를 구현하기 위해 강 목사는 먼저 자신이 직접 인도하는 초급 양육 단계인 소그룹 사역(양육반 6주, 영성반 6주, 교회론반 6주)과정을 소그룹으로 편성해 이끌었다. 또한 정착 단계인 바나바 사역(5주), 양육 단계인 양육반과 성장반(13주)에서 가정교회 참석을 숙제로 내어주었다.

뿐만 아니라 양육단계인 소그룹 사역 과정들은 교회에서 모이지 않고, 양육 과정에 지원한 성도들의 집을 돌아가면서 모이게 했다. 그래서 만남의교회 성도들은 가정을 자연스럽게 오픈한다. 교회는 밑에서 올려주고, 가장·총무는 위에서 끌어주니 가정교회 참석률이 높아지는 것이다.

또 강 목사는 소그룹 중심의 교회라는 이미지가 성도들의 마음에 새겨지도록 여러모로 노력했다. 그 한 가지가 교회 내에 있는 모든 테이블을 '라운드 테이블'로 제작한 것이다. 성도들이 서로 둘러앉아 이야기하고 교제할 수 있는 라운드 테이블은 만남의교회가 소그룹 사역을 중요시하고 있다는 이미지를 각인시키기 위한 한 가지 장치다. 또한 주일예배를 드린 후에 의도적으로 전 교인이 점심을 나눠 먹으며 교제하게 한다. 라운드 테이블에 오순도순 둘러앉아 소그룹으로 교제하며 식사하는 시간은 소그룹 사역에 대한 만남의교회 스피릿을 부지불식간에 성도들의 뇌리 속에 각인시키는 시간인 것이다.

가정에서 모이는 소그룹 모임에서도 다과보다 음식을 함께 나누도록 지도한다. "목회 현장에서 직접 체험해 보면 먹는 문화가 차지하는 비율이 굉장히 큽니다. 음식은 허심탄회하게 대화할 수 있고, 마음까지 가까이 갈 수 있는 사이가 되도록 만들어줍니다. 초대 교회를 보면 분명히 성전에 모이기를 힘쓰고 집에서 떡을 떼며 음식을 나눠 먹었다고 했습니다. 그러므로 성경적인 접근으로 볼 때 음식을 함께 나누는 것처럼 좋은 문화는 없다고 생각해요. 그래서 우리 교회 소그룹 모임은 100% 음식을 집에서 가지고 와서 나눠 먹으며 모임을 진행해 나가고 있습니다."

어느 소그룹 모임이나 은혜로우려면 찬양이 있어야 한다. 그러나 지역 교회 안에는 음악을 이해하고, 기타나 피아노로 반주를 해가면서 찬양을 인도하기에는 인프라나 음악적 수준이 뒷받침되지 않는 소그룹 지도자들이 많이 있다. 그래도 강 목사는 포기하지 않았다. 창조적인 돌파구를 찾던 강 목사는 찬양반주기를 발견하게 된다.

현재 만남의교회는 모든 소그룹 모임에서 찬양반주기를 활용할 수 있도록 각 방별로 앰프시설이 되어있다. 가정에서 모일 때는 휴대용 앰프를 가지고 다니면서 찬양반주기를 활용하고 있다. 악기를 다룰 수 없는 평신도 지도자들은 자비로 찬양반주기를 구입해 소그룹 모임이 더 풍성한 은혜의 자리가 되도록 찬양을 활용하는 것이다. '음악적 은사가 부족한 성도들은 어쩔 수 없다'고 그저 주저앉아 버리는 것이 아니라 하나님께서 주님의 형상으로 만들어주신 우리 속에 심어두신 마르지 않는 창조성의 샘물을 길어낸 결과다.

소그룹 지도자들을 지속적으로 업그레이드시키다

많은 경우 소그룹 지도자들을 파송한 것으로 만족하고, 소그룹 지도자 모임을 소홀히 여기는 경향이 있다. 소그룹지도자 모임을 소홀히 하는 것은 소그룹 활성화에 장애가 된다. 소그룹의 활성화는 지도자 임명에 의해서 되는 것이 아니라 끊임없는 훈련에 의해서 가능하다.

강 목사는 소그룹을 이끌어가는 가장·총무들의 모임에서 주중 소그룹 모임에서 나눌 성경공부만 다루지 않고, 시범을 보이기도 하고, 아이스브레이크, 찬양인도 등을 맡겨서 시켜보기도 한다. '리더들이 지켜야할 자세'나 '소그룹 운영방법'에 대해 워크숍을 진행하기도 한다.

가장과 총무를 분리시켜서 8개 팀으로 편성한 다음, 가정교회 내에서 새롭게 이슈가 될만한 주제들, 이를테면 '결석자들을 어떻게 처리할 것인지?'에 대해 워크숍하고 돌아가면서 발표하게 한다. 이 워크숍에서는 '소그룹 모임이 더 효과적인 결과를 낼 수 있는 방법', '가장 효율적인 모임 순서', '소그룹에 참석이 불가능한 지체들에 대한 대책', '소그룹에서의 전도 방법' 등에 대해 다룬다. 이런 워크숍은 다양하고 실제적인 문제를 놓고 토론하므로, 기대 이상의 성과를 거둘 수 있다. 특히 조별로 나눌 때보다도, 발표하는 시간에 더 많은 은혜와 도전을 받는다.

제자훈련 목회의 보람과 환희

"저는 제자훈련은 결코 쉬운 목회가 아님을 느낍니다. 세상에서 돈 버는 일, 몸을 고치는 일도 어려운 일인데, 사람을 변화시키는 일이 쉽겠습니까? 목회자의 끊임없는 자기 성찰과 노력, 성령의 도우심과 연구 없이는 이 사역을 감당하기가 어렵습니다. 맨주먹으로 건축하는 동안 성도들이 담보대출 보증을 해주기도 하고, 훈련받은 분들이 몇천 만원씩 건축헌금을 작정해주었습니다. 근데 놀라운 것은 제자훈련 받지 않은 분들이 헌신적으로 헌금한 것입니다. 한참 건축 중일 때 새벽기도회에 감사헌금이 올라왔어요. '하나님 은혜 받아서 감사헌금 했구나' 하고 열어봤더니 이천만 원이 들어있는 거예요. 그는 믿은 지 1년도 안된 사람이었어요. 성장반을 막 마친 분이었는데, 그 뒤로 그분이 또 일천만 원을 헌금했습니다."

건축을 결정하고 예배만 드릴 수 있는 공간을 찾았는데, 문화센터, 유치원, 학원의 강단, 학교 강당 등을 다 찾아봤는데 교회는 안 된다고 했다. 그래서 결국 1년 반 동안 옮겨 다니면서 예배를 드렸는데, 건축 후 제일 눈물 나왔던 기억이 먼지투성이 바닥에 비닐을 깔고 예배를 드렸다는 점이다. 성장반 사역도 공사가 진행 중일 때였는데, 추운 새벽 시간 보일러도 없이 진행했다. 추운 겨울에 난방도 안 되는 공간이었으니 성도들이 얼마나 추웠겠는가? 강정원 목사는 결석하지 않고 열심히 말씀에 집중해준 성도들이 고마웠다고 한다. 이렇게 교회 역사가 짧으면서도 교회건축이 가능할 수 있었던 이유는 소그룹 중심의 양육과 제자훈련이 바탕이 됐기 때문이다.

"상가 교회시절, 만남의교회에 등록한 김 집사라는 분이 있습니다. 영접할 당시 가정적으로 힘든 일이 겹쳐 우울증으로 고생하고 있었어요. 30년 넘게 여호와의 증인인 큰언니, 무당인 둘째 언니, 남묘호랑개교를 믿는 새언니, 주식으로 가정경제에 어려움을 가져다 준 남편…, 이런 복잡한 상황에서 예수를 영접했습니다. 지금도 김 집사의 환경은 별로 변하지 않았습니다. 그런데도 그녀는 이렇게 간증합니다. '환경은 거의 달라진 게 없어요. 그러나 환경을 대하는 제가 변하니까 모든 게 다 감사고 행복입니다. 특히 제자훈련 입학할 때, 2권 '아무도 흔들 수 없는 나의 구원'이라는 제목을 보는 순간, 나를 짓눌렀던 환경들을 기도하면서 다스릴 수 있는 상황까지는 온 것 같습니다'."

개척하는 목회자들에게

"개척을 생각하는 목회자들은 먼저 목회철학을 분명히 세웠으면 좋겠습니다. 어느 방향으로 개척할 것인지를 결정하는 것이지요. 저는 소그룹 중심, 제자훈련 중심으로 가야겠다는 목회 방향을 세우고, 그때그때마다 시대의 유행에 휩쓸리지 않았습니다. 그것이 오늘의 만남의교회를 있게 했다고 생각합니다.

또 하나 말씀드리면, 개척 교회 목사는 목사 스스로가 전도에 몰두해야 한다는 것입니다. 세 번째로는 어느 시점이 되면 점프하라는 것입니다. 많은 성도들이 훈련받고도 큰 교회로 가버리려 합니다. 그러니까 전도해서 제대로 훈련을 시키는 것과 더불어 교회 시설을 업그레이드시키는 쪽도 관심을 가지라는 것입니다. 소프트웨어와 함께 하드웨어도 갖추라는 것입니다. 그냥 되는대로 개척하지 말고 전도에 몰두하고 양육하고 그 다음에 훈련시키고, 그런 다음 점프하도록 준비해야 합니다. 그러면 하나님께서 저에게 맛보게 하신 아름다운 열매를 여러분들도 맛보게 해주시리라고 확신합니다."

'가장 위대한 업적도 처음 한동안은 꿈이었다. 참나무는 도토리 속에서 잠자고, 새는 알 속에서 잠자며, 영혼의 가장 원대한 꿈속에서 깨어있는 천사가 돌아다닌다. 꿈은 현실의 씨앗이다.' 제임스 앨런의 글이다. 2008년 건강한 교회, 건강한 목회를 꿈꾸는 꿈쟁이 목회자들에게 이번 글이 촉매제가 되기를 기도해본다.

박주성 목사

참고 문헌

강정원, ""家定敎會 소그룹과 敎會의 건강성 -만남의교회 家定敎會使役을 中心으로-", 웨스트민스터신학대학원대학교, 2011

도움이 될만한 도서 및 세미나

『건강한 소그룹 사역 어떻게 할 것인가?』(채이석, 소그룹하우스, 2000)

『교회 개척 컨설팅』(이상대, 서로사랑, 2002)

『소그룹 성장 마인드』(명성훈, 교회성장연구소, 2002)

『장년출석 300명 돌파의 원리와 전략 II-실제편』(명성훈, 국민일보, 1998)

『뻔한 소그룹! fun하게 디자인하라』(강정원, 소그룹하우스, 2013)

〈목회 현장 견학 개척교회 성장 세미나〉(한국강해설교학교 · 전문목회연구원)

〈소그룹 리더 학교〉(교회성장연구소)

〈소그룹 사역 컨설팅 세미나〉(국제제자훈련원)

〈소그룹 세미나〉(세렌디피티코리아)

〈소그룹 세미나〉(한국소그룹목회연구원)

❙ 국제제자훈련원은 건강한 교회를 꿈꾸는 목회의 동반자로서 제자 삼는 사역을 중심으로 성경적 목회 모델을 제시함으로 세계 교회를 섬기는 전문 사역 기관입니다.

어느 지역 교회의 불신자 회심 정착률 80%의 비밀
뒷문 없는 교회 이야기

초판 1쇄 발행 2013년 7월 25일
초판 3쇄 발행 2014년 5월 25일

지은이 강정원

펴낸이 국제제자훈련원
펴낸곳 사단법인 사랑플러스
등록번호 제2013-000170호(2013년 9월 25일)
주소 서울시 서초구 효령로68길 98 (서초동)
전화 02-3489-4300 **팩스** 02-3489-4329
E-mail dmipress@sarang.org

ISBN 978-89-5731-630-6 03230 Printed in Korea

* 책값은 표지 뒷면에 있습니다. 잘못된 책은 구입하신 곳에서 교환해 드립니다.